中国与若干"一带一路"
合作伙伴国双向民意分析

郭业洲　主编

金 鑫　王立勇　副主编

人 民 出 版 社

目　录

亚　洲

欧　洲

非　洲

南美洲

附录　丝路故事

以心相交　成其久远

中共中央对外联络部副部长　郭业洲

　　"国之交在于民相亲，民相亲在于心相通。"民心是最大的政治，民心相通是最基础、最根本的互联互通，是国家间关系的重要内容和关键基础。习近平总书记非常重视民心相通工作，在与各国领导人交谈中多次强调人文交流的重要性，强调"以利相交，利尽则散；以势相交，势去则倾；惟以心相交，方成其久远。国家间关系发展，说到底要靠人民心通意合"①。党的十八大以来，我国对外人文交流工作蓬勃发展，为对外开放事业作出了新的重要贡献，有力推动了全球范围内的文化交流与文明互鉴，谱写了新时代民心相通的崭新篇章。

　　在经济全球化深入推进，新科技、新业态迅猛发展的当今时代，人类社会生活的相互关联前所未有，"躲进小楼成一统"，"退回到各自封闭的孤岛"已再无可能，增进相互了解、加强相互协作、共同应

---

① 习近平：《共创中韩合作未来，共襄亚洲振兴繁荣——在韩国国立首尔大学的演讲》，《人民日报》2014年7月4日。

对挑战、共创美好未来，是各国人民的必然选择。近年来，习近平总书记提出的"构建人类命运共同体"倡议得到国际社会广泛支持和深度认同，正从理念转化为行动，从愿景转化为现实。人类命运共同体强调各国人民都生活在同一片蓝天下、拥有同一个家园，应秉持"天下一家"理念，风雨同舟，荣辱与共，把世界各国人民对美好生活的向往变成现实。"观念相容、心灵相通"是人类命运共同体的题中之义，是各国人民携手建设更加美好世界的重要基础，是人类命运共同体建设行稳致远的必要前提。

党的十九大作出中国特色社会主义进入新时代的重大论断，中国正前所未有地走近世界舞台中央，前所未有地接近实现中华民族伟大复兴的目标，前所未有地具有实现这个目标的能力和信心。与此同时，当今世界进入大变革大调整时期，正发生深刻复杂的变化，正经历世纪未有之大变局。在世界变局乱局中，国际社会越来越聚焦于中国，不仅关注中国经济社会发展，而且关注中国发展道路和发展模式。尽管国际上针对中国的各类杂音和疑虑仍未彻底消除，但越来越多的国家愿意深入研究中国道路、理论、制度、文化，广大发展中国家也越来越期待借鉴中国发展经验，走符合自身特点的发展道路，并希望与中国一道在国际事务中发挥更为重要的作用。国际社会看待中国的心态、认识中国的角度、理解中国的深度都在经历重要而深刻的变化。"中巴友谊比喜马拉雅山还高，比印度洋还深，比蜂蜜还甜，比钢铁还硬"，"中国以自身实践探索出一条科学发展之路"，"'一带一路'为世界合作发展注入新动力"，"中国既授人以鱼又授人以渔"，"在不远的将来，我们都需要学中文"……国际社会正在掀起一股对中国进行"再认识"的热潮。

面对外部世界的变化，中国人也变得越来越自信、越来越笃定、越来越开放、越来越包容。尤其是，随着"一带一路"国际合作的扎实推进，越来越多的中国企业到海外投资兴业，越来越多的中国公民到境外旅游、留学、购物、就医等。交往带动沟通，沟通增进了解。随着中国与世界交往的日益深入，中国人对其他国家的了解，也进一步从宏观走向微观，从表面走向深入，从抽象走向具体，从平面走向立体。"不到非洲怕非洲，到了非洲爱非洲，离开非洲想非洲"，"身在土耳其，有在亚洲的感觉，有在中东的感觉，也有在欧洲的感觉，甚至还有点在非洲的感觉"，"瑞士是一个集发条精神、工匠精神、军刀精神、雪绒花精神于一体的国家"，"英国人率先加入亚投行，再次证明其深厚的战略底蕴"，"南美洲人有印第安人与中国人同根的说法"……从中可真切感受到，中国人脑海中的各国肖像正变得更为丰富、生动和鲜活。

近年来，为积极配合"一带一路"合作进程，中联部牵头成立"一带一路"智库合作联盟，秘书处设在中联部直属智库当代世界研究中心。自成立以来，智库联盟广泛发展合作伙伴，"朋友圈"越来越大，目前已拥有国内成员单位 138 家和国际成员单位 112 家。智库联盟致力于推动中外成员单位加强合作，共同参与"一带一路"建设，切实发挥推动政策沟通、增进相互了解、促进务实合作等重要功能。2017年 5 月，智库联盟在"一带一路"国际合作高峰论坛上启动"增进'一带一路'民心相通国际智库合作项目"，列入高峰论坛成果清单。目前，智库联盟正围绕这一项目扎实开展相关工作。

　　"中国与若干'一带一路'合作伙伴国双向民意分析"是智库联盟服务"一带一路"民心相通的一项重要基础性工作，也是落实"增进'一带一路'民心相通国际智库合作项目"的重要研究课题。自启动以来，智库联盟秘书处（当代世界研究中心）充分发挥智库联盟各成员单位的优势，综合利用多方资源，通过实地考察、访谈交流、文献梳理、综合分析等，围绕具体议题开展广泛调研，并结合自身工作实践，力争对中国与相关国家社情民意有一个总体和客观的把握。现在呈现在读者面前的，就是其中的部分研究成果。书中每篇文稿聚焦一个国家，既有宏观素描，也有微观剖析，努力勾勒客观、形象、生动、传神的国家肖像。每篇文稿也通过分析各国民众对中国的印象，充分展现国际社会眼中日益丰富、多元、真实的中国形象。同时，我们还把工作中搜集到的一些经典"丝路故事"附到本书最后，与读者分享。

　　中外民众相互印象正在经历历史性变化，这是人类文明交流互鉴的生动体现，也是中国与世界积极互动的必然结果。其中会发生许多有情、有义、有趣的故事。当代世界研究中心愿与读者一起，把这一过程中的精彩故事挖掘出来、梳理起来、传播开来。同时，欢迎广大读者提供更多故事线索和研究素材，当代世界研究中心今后将不断推陈出新、完善提升，深入了解介绍多姿多彩的世界，深切感触中华民族伟大复兴的脉动，让中国人民与世界各国人民在"一带一路"建设中增进了解、深化友谊，共同书写新时代友好合作的美丽篇章！

亚　洲

中国与老挝双向民意分析

中老两国友好关系源远流长。近年来,中老高层互动频繁,各领域交往合作不断深入,民众之间的相互认知总体积极正面,两国不仅同为社会主义国家,而且正在建设具有战略意义的周边和社会主义命运共同体。

一、中国人眼中的老挝

餐桌上常年的糯米饭、大街上穿行的 Tutu 车(加顶篷改造后用于客运的小货车)、穿着筒裙的少女、东南亚特色的原生态景观、庙宇林立的大街小巷等是中国民众对老挝生活景象的直观感受。但总体上,多数中国人对老挝的了解还比较有限。

(一) 志同道合的"四好"老挝

在中国人印象中，老挝与我国社会制度相通、意识形态相近，但这个国家底子薄，经济发展落后，人民生活不富裕。近年来老挝执政党人民革命党奋发有为，积极进取，国内生产总值（GDP）增速维持在较高水平，民众的购买力和基础设施水平日益提高，吸引了来自云南、湖南、广西的很多中国人在老挝开店做买卖，万象街头有许多挂着中文招牌和出售中国商品的商店。去老挝旅游的中国人多称，在老挝感到非常亲切，游玩起来很方便。老挝在国际事务上一直坚定地站在中国一边，对此中国民众感到欣慰，觉得老挝不愧是我们的"好邻居、好朋友、好同志、好伙伴"。尤其是老挝在南海问题上伸张正义，坚定支持中国立场，用实际行动诠释"四好"关系。本扬等老挝领导人也非常信任中国，多次来华出席活动，到访广西、云南等地，给当地民众留下深刻印象。

(二) 浪漫闲适的"慢静"老挝

对中国人来说，老挝虽是邻国，但又有一些神秘感，很多人向往到老挝旅游，老挝游在国内日益兴起。万象塔銮、琅勃拉邦香通寺、达凡瀑布等众多景点已为中国人所熟知，成为赴老挝必去之地。老挝对中国人最大的吸引力在于"慢生活""静生活"。相对于东南亚其他国家，老挝有闲散的河畔生活、少了些许尘嚣浮华，能让人慢下来、静下来，感悟生活的本真。在老挝旅游，可以时常与笑容可掬的民宿家庭共饮 Lao lao 酒（一种 40 度左右的当地白酒），让自己的心暂时抛个锚、休个假。早起推开窗户，能看到身穿藏红色僧袍的僧人沿街托钵化缘的场景，这与城市中各种精美庙宇相映成趣，被中国游客誉为"老挝式浪漫"。到访的中国人也往往"入乡随俗"，每每提前在街边等候，希望以布施来换取家人的健康和平安。

（三）遍地寺庙的"佛国"老挝

佛教是老挝国教，大多数老挝人都是虔诚的佛教徒。老挝人的佛教信仰，常让中国人颇感惊叹。比如，老挝人认为自家儿子身披僧袍托钵化缘可以为全家积德。在老挝，无论贵族还是平民，男人一生中必须出家当一次僧人以接受佛教训练。去过老挝的中国人都感慨，老挝人虽不富裕，但热衷于修建寺庙，每个城市最好的建筑一定是寺庙。在老挝，寺庙不只是上香礼佛、传播佛经教义的地方，还兼有传播文化知识、推动医学研究、促进文学创作等功能。老挝的防染、扎染制品深受中国游客喜爱，这些制品印有高棉风格的寺庙和大象等图案，常被中国人作为伴手礼带给亲朋。也有来老挝旅游的中国人索性就花上一天时间，在庙里听沙弥念经，在菩提树下盘腿而坐，当一天"出家人"。

（四）平静安宁的幸福老挝

老挝是一个生活节奏比较慢，但是幸福感又比较强的国家。去过老挝的中国人直观感受就是老挝人总是面带笑容,"没问题"常被他们挂在嘴边。老挝人对生活要求不高,不向自然过度索取,对日常事务抱有平常心,享受内心的平静、安宁。中国游客在老挝万象街头常能看到,当地人坐在店铺门前分享 Lao lao 酒。此外,老挝人很重视民族文化传承。在各种仪式和庆典活动中,大多数老挝人都会身着传统服饰。有旅居当地的中国人称,如果穿着筒裙去老挝政府机关办事,就会更加顺利,由此可见老挝人对民族文化的重视。

二、老挝人眼中的中国

近年来,中老关系进一步深入发展,中老"一带一路"框架下的经济、社会、文化合作给老挝经济社会发展和民众生活质量改善注入了强大动力,老挝民众从内心感恩并越来越亲近中国。

(一)"感恩中国"洋溢老挝

党的十九大召开期间,老挝多名党和国家领导人发来贺电,积极肯定中国取得的成就,期待进一步深化老中务实合作。在老挝领导人眼中,中国的治国理政经验值得学习,中老两国深入开展治国理政经验交流,有助于老挝政府提升治理国家的能力。中国对老挝经济社会发展的影响深远,已经成为老挝的最大外资来源国、最大外援国、第二大贸易国以及重要商品出口市场。老挝领导人多次在公开场合对中国的支持表示感谢。有老中合作委员会官员曾强调，在周边国家中，中国对老挝最好，两国人民之间的感情与其他国家相比不一样。老挝对华友好有着深厚的民意基础。近年来，中国已成为老挝学生出国留学的第二大目的地国。在老挝人眼中，中国人勤劳、富有、热情，不少老挝女孩子希望嫁给中国人。中国游客在万象搭车，时常会听到司机说，我们国家会议中心就是中国援建的，中国在我们最困难的时候伸出援手，是我们永远的好朋友。

（二）"一带一路"改变老挝

2016 年 3 月中国完成"老挝一号"通信卫星在轨交付工作，使老挝拥有了第一颗卫星，老挝国内颇感振奋。老挝亚太卫星有限公司董事长蓬马占表示，这颗卫星会极大地改变老挝人民的生活方式。卫星"上天"不仅为老挝民众带来了"睁眼看世界"的窗口，还会带动政府增收及媒体等产业发展。此外，"一带一路"倡议推动铁路在老挝"落地"，深受当地民众欢迎。过去，搭乘铁路出行对老挝人而言可谓一种奢侈品，如今，中老铁路的修建正在改变这一局面。中老铁路项目精准对接老挝变"陆锁国"为"陆联国"的国家发展战略，增进了老挝人的自豪感，中国提供的支持令他们感动。老挝人民普遍期待能够尽早实现坐高铁来中国的梦想。

（三）文化中国吸引老挝

近年来，中老两国开展了形式多样的文化交流活动，包括艺术节、图片展、文艺晚会等。大批老挝当地民众积极参与。2017年1月，中老双方合办的"欢乐春节"庙会活动在万象中心举行，老挝政府官员及当地各界知名人士出席开幕式，中国美食、剪纸、茶艺和书法等吸引了众多参与者，让参加庙会的老挝人得以近距离体验中国文化。中国传统舞狮、民族风情歌舞、杂技、民歌等更是赢得众多喝彩。一些老挝留学生称，他们从小就很喜欢中国文化，尤其是中国悠久的历史，所以选择来中国留学。他们非常喜欢像"欢乐春节"庙会这种具有浓郁中国特色的活动，并希望更多老挝人能够借此深入感受中国文化。

（四）汉语之花盛开老挝

在老挝，汉语已经成为青年人实现梦想的重要工具，学习汉语正在成为一种时尚。老挝国立大学中文系学生安奔旺说，学习中文之后，他给自己起了一个中文名字"安小华"，希望自己将来能去中国或到中国公司工作，这也是很多老挝年轻人的愿望。当地华侨创办的华文学校"寮都公学"以中老双语教学而久负盛名，成为当地家庭条件较好的孩子就读的首选。老挝北部的村镇也建有许多小型汉语学校。老挝国立大学孔子学院、老挝苏州大学等机构开设的汉语培训班常被"挤爆"，很多人利用晚上时间学习汉语课程。越来越多的老挝人认为，"只有学好中文，才能更好地改变命运"。党的十九大召开期间，在云南参加第十届"汉语桥"世界中学生中文比赛的老挝崇德学校师生自发组织观看十九大开幕式，反响十分热烈。

当然，中老两国民众在相互认知方面也存在一些需要注意的问题。比如，老挝方面对经济合作中的依法合规、环境保护等问题存有过度报道、负面报道。这些不是主流，不影响中老友好的全局，但处理不好也会给两国民众间的友谊造成负面影响，需要在今后工作中多加注意。

中国与柬埔寨双向民意分析

　　中柬同为文明古国，历经沧桑变迁，一直是肝胆相照的好朋友、休戚与共的好伙伴。当前，在地区和国际舞台上中柬相互支持、密切配合，在"一带一路"建设中双方携手并进、协作共赢。

一、中国人眼中的柬埔寨

（一）历史悠久，文化灿烂

　　在中国人眼中，柬埔寨是文明古国，它历史悠久，创造了举世闻名的吴哥文明。吴哥王朝鼎盛时期大兴土木建造寺院庙宇，广为人知的吴哥窟和巴戎寺即建于 12 世纪吴哥君主国鼎盛时期。即使今天在规模宏大的吴哥遗迹游览，仍能感受到当年吴哥文明的恢宏气势。

（二） 经受战乱，珍爱和平

近代以来，柬埔寨饱经战乱，经济社会遭受严重冲击。1970 年朗诺集团发动政变，柬埔寨陷入持久内乱，直到 20 世纪 90 年代，随着柬国家权力机构相继成立与民族和解的实现，柬埔寨才逐步进入和平与发展的新时期。但战乱使柬埔寨社会千疮百孔，直至今日，穷困仍是柬面临的重要挑战。作为柬第二大城市和世界文化遗产吴哥窟所在地，暹粒的公交系统等城市基础设施建设还很落后。不过，战争也教会了柬埔寨人冷静，经历战乱和杀戮的柬埔寨人享受着当下的平静与安宁。

（三） 佛教盛行，享誉全球

柬埔寨是典型的佛教国家，佛教习俗与文化已深入到柬埔寨人民生活的方方面面，并成为维系社会稳定的重要因素。在柬埔寨，随处可见僧人的身影，举国上下对佛教与僧人都怀有崇敬的心情。柬埔寨很多节日也都与佛教有关，像亡人节、宝蕉节都是佛教节日。每逢佳节，这里的人们往往会来到寺庙，向僧人布施金钱米饭，聆听僧人诵经。柬埔寨的寺庙也非常多，许多佛教建筑都很精美，不少寺庙还兼有教育等其他社会功能。庞大的吴哥窟遗迹就是世界上最大的宗教建筑，这座世界文化遗产神秘而安静，早已成为柬埔寨的国家标志和旅游名片，与印度泰姬陵、埃及金字塔等世界奇迹齐名，被美国《国家地理》杂志评为一生中 50 个必去的地方之一。

（四）中柬友好，世代相传

柬埔寨已故国王西哈努克被视为中柬友好的代表和象征，生前曾多次往返中柬两国，称中国为"第二故乡"，先后在中国居住了近 40 年，与毛泽东、周恩来等老一辈中国领导人结下了深厚友谊，他创作了《怀念中国》和《啊，中国，我亲爱的第二祖国》等赞颂两国友好的歌曲。《怀念中国》的歌词写道："啊！敬爱的中国啊！我的心没有变，她永远把你怀念。"近年来，中柬两国在国际和地区事务中加强协调互动，在涉及中国核心利益问题上，柬埔寨首相洪森总能够仗义执言，中国人亲切地称柬埔寨为"真朋友、铁哥们儿"。

二、柬埔寨人眼中的中国

（一）"我爱天安门，我爱中国"

在柬埔寨人眼中，中国日渐强大，经济社会发展无与伦比，不仅给中国人民生活带来翻天覆地的变化，也给柬埔寨人带来了深刻影响。多数柬埔寨人没有到过中国，对中国印象大多从游客和当地华人中得知，据统计，约有 20 万中国人在柬埔寨生活。在柬埔寨人心目中，华人聪明而且富裕，勤奋努力、上进心强，他们对中国人充满羡慕和崇拜。在柬皇宫所处的洞里萨湖边，长达几公里的湖岸排列着世界各国的国旗，而皇宫正对面悬挂的正好是中国国旗，这种安排无声但有力地说明了中国在柬埔寨人心中的位置。中柬友谊代代相传，柬埔寨儿童会用中文说"我爱国王、我爱柬埔寨、我爱毛泽东、我爱天安门、我爱中国"！虽然他们当中很多人可能并没有到过中国，但中柬友好的烙印已深深印入脑海之中。

（二）"中国援助改善民生"

近年来，中国对柬埔寨援助项目不断增多，是柬第一大投资国。以 2015 年为例，柬 14.3 亿美元外国直接投资中，中国就占 8.6 亿美元。中国在柬投资企业超过 500 家，主要投资电站、电网、制衣、农业、矿业、开发区、餐饮、旅游综合开发等领域。作为柬最大的出口创汇和创造就业的行业制衣业，300 多家服装企业中有 70% 为中资所有。在金边随处可见中国的起重机和建筑项目，两国国旗在建筑工地上一同飘扬。中国的援助让柬埔寨人生活变得更加便利。洪森表示，"中国正在援建和承担建设的道路和大桥遍布柬埔寨东西南北，总里程数超过其他国家在柬所建公路"，他多次在公开场合感谢中国政府的援助，认为"促进了柬国内路、桥、电力等基础设施建设，有力地带动了柬经济发展，改善了人民生活"。

（三）"中文比英语更有用"

柬埔寨目前正在掀起一轮"汉语热"。根据柬华理事总会的数据，目前约有 4 万柬埔寨人报名学习中文。华人社团主办华语学校在柬十分普及,一位中文学校教师坦言,以前人们到这里来主要是学英语,而现在越来越多的人选择学汉语。学生们都希望成为中文导游,或是在银行和饭店担任中文翻译工作。对当地柬埔寨年轻人来说,学会中文就有机会进入中资公司工作。一位学习中文的学生说,中国与柬埔寨关系很好,更多中国人会来此做生意,中文人才需求很大,中文比英语更有用。汉语热的出现不仅是中国经济发展和影响力的真实写照,也与中国游客不断增多有关。据柬埔寨旅游部统计,2017 年柬埔寨接待中国游客首次突破 100 万人次,同比增长 45%。柬旅游部负责人表示,希望 2020 年至少接待 200 万人次中国游客。柬埔寨人对中国文化也有浓厚兴趣,2015 年 5 月,由广西人民广播电台译制的柬语版电视剧《三国演义》在柬一经播出即受到热烈欢迎,成为当地观众茶余饭后的重要话题,也成为了解中国历史文化的一扇窗户。

(四)"既授人以鱼亦授人以渔"

目前,中国社会组织在柬开设的慈善机构还比较少,与当地社会的互动还不够紧密。相比之下,美国、欧洲等西方非政府组织(NGO)在柬开展活动更为频繁,内容涉及教育、医疗、妇女、儿童、环境、培训等各个方面。因此柬埔寨民众也期待中国有更多社会公益组织到柬开展活动,帮助柬培育经济社会发展的内生动力,"既授人以鱼亦授人以渔",进一步拉近两国民众间的距离。

随着"一带一路"建设稳步推进,柬埔寨搭乘中国发展快车的愿望迫切,希望更多中企到柬投资兴业。当然也要看到,不少中国企业家对当地情况还不够熟悉，如何增进柬埔寨民众对华了解，进一步筑牢中柬友谊的社会根基，推动中资企业项目在当地受到普遍欢迎，解决这些问题依然任重而道远。

中国与马来西亚双向民意分析

马来西亚是中国在东南亚的重要战略合作伙伴，两国关系总体发展顺利，彼此共享发展机遇，合作前景非常广阔。

一、中国人眼中的马来西亚

（一）旅游资源丰富的温和伊斯兰国家

分享欢笑的朋友容易找，分担泪水的朋友很难遇。事实证明，中马是谈得来、信得过、靠得住的好朋友。马旅游资源丰富，被多数中国旅游公司称为"扼守马六甲海峡的花园国度"，资源丰富、文化多样，"纯净的海滩、奇特的海岛、原始的雨林以及现代化的都市组合"，成为吸引中国旅客的重要旅游资源。

（二）对马来华人倍感亲切，文化交流是情感纽带

马来西亚华人祖籍多为中国福建、两广等地，文化同源拉近了中国人与马来西亚华人的心理距离。马诸多文体明星在中国家喻户晓，以梁静茹为代表的华人歌手在中国粉丝众多。曾参加《爸爸去哪儿》节目的小女孩曹华恩（昵称"姐姐"），被广大中国观众亲切地称为"萌娃"。羽毛球运动员李宗伟在中国知名度很高。中国民众对马来西亚的巫师文化习俗不太理解，感到陌生，但也给予尊重。

（三）"马来西亚可能成为新时代的机遇窗口"

马来西亚近年来发展势头良好。自 2009 年以来，中国一直是马最大贸易伙伴。目前，阿里巴巴、华为、中国铁建等一批中国企业积极赴马投资。此外，因马是英联邦成员国，其政治、经济、文化、教育等方面与西方国家联系较紧密，高等院校采用世界著名大学课程，留学性价比高，许多中国年轻人视赴马留学为"进入世界著名高等学府的最佳跳板"。较多赴马留学生认为，马院校的专业设置实用，实习机会多，注重培养学生的实际操作能力。

二、马来西亚人眼中的中国

(一) 马来华人对中国有传统宗亲感情

马来西亚华人对中国感情深厚，重视对中华文化的传承，珍惜用血、汗和泪水争取来的母语教育的权利。很多马来华人的坟墓上还会用中文刻上自己在中国的祖籍。马来西亚华人是两国关系健康发展的重要桥梁纽带，为增进政治互信和人文交流发挥了重要而积极的作用。

(二)"中国发展可以带来更多机遇"

不少马民众反映，当地"大型超市补货的速度很慢，而且光顾的人也很少"。马民众对中国繁荣的市场非常羡慕，对中国电子商务的发展速度感到惊叹。经济增长一直是凝聚马各族关系的黏合剂，但近年来由于工资上涨，外资进入的节奏放缓。世界银行的报告称，"马来西亚拥有技术实力的人才不断外流，而不打算回国的人很多"。许多马来华人认为，"中国人多、竞争激烈，很多年轻人都是从高考的腥风血雨中拼杀出来的英雄豪杰，他们永不言倦的冲劲着实令人折服，中国未来充满竞争力"。马来西亚民众对中国企业在马投资没有太大意见，但在马国内朝野竞争激烈的氛围下，中国投资有时会成为政治话题，并有被炒热的可能。

（三）对中国文化有好感，对宗教政策有误解

美国皮尤研究中心（Pew Research Center）的一份调查报告认为，马来西亚是东南亚对华认同和友好度最高的国家。中国的网络论坛上也经常能看到马来华人的"身影"。前总理纳吉布曾开通中文博客，在社交网站上专设中文版微博，并曾在中秋节时发布"祝贺中秋"的帖子。

不过，马来西亚的伊斯兰信众对中国的宗教政策缺乏了解。马国家广播电视台记者拉兹·鲁斯兰说，来中国之前，他认为在中国做宗教功课肯定会受到诸多限制。但在亲身经历和体验之后，他彻底改变了以前的看法。拉兹说："我亲眼目睹的中国社会，不管是少数民族还是汉族，都有宗教信仰的自由。在中国的大城市，如厦门、泉州和西安，都有为数众多的穆斯林群众。"

（四）马航失联是中马民众共同的痛

马民众在 2014 年 MH370 航班失联后，对中国罹难者及家属深表同情。时任总理纳吉布 2014 年 5 月 29 日在与李克强总理会谈时表示："我愿对马航 370 航班失联这一不幸事件向中国人民，特别是机上乘客家属表示深切同情和诚挚慰问。马方感谢中方对事件处理过程中给予的支持与合作，愿同中方及有关各方密切合作，继续尽力开展下一阶段搜寻和调查工作，做好机上乘客家属的抚慰，找到妥善处理事件的办法。"遗憾的是，直至今日失联客机仍然下落不明，成为中马民众共同的痛。

中国与印度双向民意分析

中印互为友好邻邦，历史上既有文明交流互鉴的华篇，也有冲突对抗的记忆。有人说，中印是"龙象对抗"，也有人说是"龙象共舞"。事实上，两国人民眼中的对方既有可爱可亲的一面，也存在着一些陌生疏离甚至误解偏见。

一、中国人眼中的印度

（一）独具魅力的东方文化

毫无疑问，印度文化对中国的影响既深远也现实。历史上，来自印度的佛教、泰戈尔、甘地等一系列文化符号都对中国文化产生过深刻影响。当代，印度文化对中国社会的影响也体现在方方面面。在中国的一些城市能够看到瑜伽、肚皮舞、甩饼、咖喱饭、宝莱坞电影等典型的印度文化元素。其中，瑜伽已经成为不少中国城市女性休闲生活的一部分。在许多中国人看来，印度人乐天认命、注重精神生活，对物质追求少甚至克制。《贫民窟里的百万富翁》《三傻大闹宝莱坞》《啊，我的神》《摔跤吧！爸爸》《神秘巨星》等电影的热播，也让很多中国人对印度的新奇感倍增。

（二）值得借鉴的印度特色

印度被称作"世界办公室"，其 IT 产业、生物制药产业、服务业在中国享有盛名。IT 产业在印度经济总量中占比接近 10%，全球 75 家顶尖软件公司有 30 家落户班加罗尔。制药业是印度的三大经济支柱之一，印度有 100 多家药厂获得美国 FDA 认证，生产全球五分之一的仿制药，制药业每年保持约 14% 的增长率。2018 年上半年，电影《我不是药神》在中国各大影院热映，让中国民众对印度仿制药业有了更多的关注。

（三）颇多瑕疵的"政通人和"

印度经常以世界最大"民主"国家自居，但印度种种乱象让不少中国人认为，印度的"政通人和"其实存在诸多弊端。一是"民主"没有遏制住印度的腐败。在"透明国际（Transparency International）"的世界清廉指数排行榜中，印度长期在 100 位徘徊。上到国会议员下至基层警察，腐败已经渗透到社会生活的诸多方面。二是"民主"没有维护住印度的稳定。近年来，不同阶层、种姓、宗教群体之间的暴力冲突时有发生，地区分裂运动和武装割据势力也已是积重难返，无法彻底根除。三是"民主"没有为印度经济保驾护航。虽然当前印度国内生产总值（GDP）增速尚可，但社会发展仍不尽人意，存在不少隐忧。如印度在世界银行发布的《2017年营商环境报告》中排名130位，外商投资意愿不高，对进口粮食依赖较高。因此，越来越多的普通中国人发现所谓的"民主"并没有给印度带来真正的政治昌明、经济发展和社会进步。

（四）"只有想不到，没有做不到"的社会生活

由于互联网的普及，普通中国网民对印度社会生活的不少细节也有一定了解，如扒火车、摩托车阅兵等，不少人常用形象活泼的网络词汇"开挂"惊叹其不可思议。近年来，由于强奸案件、童婚习俗、如厕困难等频见报端，不少中国网民对印度社会生活有些负面评价。而对宗教信仰的异常虔诚、对物质生活的清心寡欲、对工作生活的奇思妙想，也都成为印度人民在中国网民眼中天马行空、乐在其中的标签。

二、印度人眼中的中国

（一）高速发展的"中国巨龙"

在印度民众眼中，中国就像一个庞然大物：领土辽阔、人口众

多、文化悠久、经济体量巨大。多半印度民众认为中国对亚洲具有正面影响力。对于不少对中国有一定了解的印度人来说，高速铁路、购物中心、摩天大楼都是当代中国的标志。而一些去过中国北京、上海、广州等大城市的印度人甚至不无夸张地表示：光上海的酒店房间都比全印度还多！对于普通印度人来说，中国就是榜样、中国就是未来的印度。

（二）既是邻居也是竞争对手

虽然印度的经济总量仍不及中国，但由于领土面积、人口数量等指标与中国相差无几，印度始终抱有大国雄心。加之历史上两国有过边境冲突和现实上高度敏感的领土争端、西藏问题，印度人看中国常常存在误解。民意调查显示，有 27.2% 的印度人认为，10 年后，印度将是亚洲最具影响力的国家。实际上，印度一直在追求"有声有色"的大国梦，将"不结盟运动的领袖""拥有核武器"和"成为联合国安理会常任理事国"作为其迈向世界性大国的三部曲。

（三）博大精深的文明古国

中国文化的博大精深同样深受印度人民认可。普通印度民众提起中国文化，既会联想到功夫、茶道、儒学等传统符号，也会联想到今天中国日益发达的流行文化如风靡东亚的电视剧《甄嬛传》《琅琊榜》等。媒体曾报道，西孟加拉邦一位乡村教师从 1985 年就开始收听中国的中央人民广播电台，不仅自己坚持 30 多年收听，还组织了一个 60 多人的收听俱乐部，积极宣传中国文化；也有一位孟买的母亲为自己 19 个月大的女儿早早聘请了汉语教师，表示"学习世界上发展最快的国家的语言是送给女儿最好的礼物"。

（四）对中国崛起心态复杂

美国皮尤研究中心一项调查数据显示，只有 41% 的印度受访民众对中国持正面看法。这其中既有边境冲突的历史原因，也有近三十年中国迅猛崛起把印度甩在后面的现实原因。尤其是"一带一路"倡议提出后，印度社会反应较为复杂。有印度人担心，随着"一带一路"建设的推进，中国可能会控制印度洋，从而威胁印度安全。中国在斯里兰卡、孟加拉国、巴基斯坦的投资建设将会削弱印度的地区影响力。不过，也有不少有识之士意识到印度应当尽快从"一带一路"建设中挖掘商机、寻求发展。可以积极利用亚投行和金砖国家新开发银行等平台机制加大合作力度，实现中印两国共赢发展。总体上，在印度政、企、学、媒界关于中国的讨论中，各种历史纠结和不切实际的喧嚣仍在，但正视中国发展成就的声音和建设性的务实考量逐渐增多。

中国与孟加拉国双向民意分析

自 1975 年建交以来，中孟关系一直保持良好发展势头，民众好感度不断上升。近年来，中国企业和民众视孟加拉国为投资兴业的重要目的地，对孟发展前景充满信心；孟加拉国各界人士对"一带一路"和孟中印缅经济走廊等倡议充满期待，热切期望搭乘中国经济发展的快车。

一、中国人眼中的孟加拉国

（一）人口稠密热情高

孟加拉国国土总面积约 14.75 万平方公里，相当于中国辽宁省，人口约 1.6 亿，上亿人口聚居在恒河—布拉马普特拉河三角洲地区。首都达卡"挤"下了 1400 多万人，交通非常拥挤，即使在相当于中央商务区的古山大街，最宽的车道也仅容 3 辆小车通过。车辆刮擦稀松平常，每辆车前后都有保险杠，导致保险杠修理出售成为达卡街头非常繁荣的一大行业。车辆基本是从日本等国的二手丰田或从印度买来的简易"塔塔"，发生小刮擦时车主基本不索赔，确认无大碍便各走各路。公交车极为破旧，从不停靠，民众要边跑边跨上去。车门从来不关，车顶、车尾也都坐有乘客。一种由自行车改装成的人力三轮车是达卡的重要交通工具，车身上印有五彩缤纷的装饰画，后座能并排挤下两人，车夫穿的是类似缅甸人的"笼基"，在密集的人群和车流中自由穿梭、技艺惊人、乐在其中。网上流传的孟加拉人乘坐火车的场景更是让人目瞪口呆，车顶、车尾、车窗坐满人的场景有时让人瞠目结舌。

（二）两位女士把政坛

自 1991 年孟正式恢复议会民主制以来，卡莉达·齐亚领导的民族主义党和谢赫·哈西娜领导的人民联盟激烈角逐，轮流坐庄，双方几乎都难以取得连任，只有 2014 年哈西娜在选举中获胜，才产生了唯一一次连任案例。谢赫·哈西娜是孟加拉国开国总统穆吉布·拉赫曼的长女。1975 年拉赫曼及 15 位亲属死于军事政变，哈西娜当时因在国外幸免于难，此后在印度避难 6 年，1981 年担任孟加拉国人民联盟主席。1996—2001、2009—2014、2014 年至今三度出任总理。

卡莉达·齐亚的丈夫齐亚·拉赫曼参加了独立斗争，并担任独立后的首任总统，1981 年在一次兵变中遇刺身亡。卡莉达·齐亚 1991

年领导民族主义党成为议会第一大党，成为孟加拉国历史上第一位
女总理，2001 年她领导四党联盟在大选中获胜，第二次出任总理。
2018 年 2 月，卡莉达·齐亚因贪污罪名成立，被判处有期徒刑 5 年。
由于两位政党领导人都是女性，所以孟政坛又有"两位女士的政治"
之称。不仅如此，孟内阁中诸多部长职位也都由女性担任。由于政党
轮替频繁，孟各项公共事业都缺乏长期规划。孟加拉国有人士表示，
孟加拉国急需修建水电站，但水电站建设周期长，这一届政府不想自
己干了活却让下一届政府坐享其成，所以谁当政都对投资水电站热情
不高。不过，无论哪个党执政，都对发展中孟两国友好关系态度积
极、充满热情。

（三）基础薄弱势头猛

受交通基础设施差、能源矿产短缺、人口受教育水平低等因素制
约，孟加拉国经济发展一直不太景气。不过，2007 年至 2017 年间，
孟经济平均增长率达到 6%，且这一增长没有消耗过多资源，主要靠
劳动力、生产制造业支撑推动，目前已成世界第二大纺织品出口国。
孟土地肥沃，水资源丰富，气候适于黄麻生长，是世界第一大黄麻出
口国。孟产黄麻质地优、色泽美、手感柔，有"黄金纤维"之称，曾
是孟主要创汇产品。此外，孟拥有世界上最长的海滩，也是印度教发
源地，拥有丰富的潜在旅游资源。孟加拉国是中国企业开展国际产能
合作的重要合作对象，在交通基础设施、产能合作、农业合作等方面
拥有广阔前景。有中国投资人表示："自从习近平主席访问孟加拉国

之后，中国与孟加拉国的投资正在呈几何级数增长。孟现在的情况就像中国七八十年代一样，基础设施建设落后，制造业发展也不太好，但在人力资源、税收等方面的条件却非常吸引人。"在达卡居住了近30年的一位中餐馆老板表示："孟加拉国是一个很有希望的国家，现在很多中国企业对到孟投资兴业很有兴趣，并且已经行动起来。这个国家最大的优势是人口平均年龄只有30多岁，大批年轻人将成为中国企业需要的人才。"2016年6月24日，亚投行宣布批准通过首批四个贷款项目，其中一个就是为孟加拉国配电系统升级扩容项目提供1.65亿美元贷款。孟加拉国配电系统改造扩容项目内容包括扩大农村地区电力覆盖范围，提供250万个新电力服务连接，升级两个电网变电站，铺设北达卡地下输电线。该项目旨在改善孟电力供应质量和可靠性，减少配电损失，项目将惠及1250万农村人口，将对孟经济社会可持续发展产生重要影响。

（四）大国之间寻平衡

在不少中国人看来，孟加拉国对华友好，同时也倾向于在中美印之间寻找战略平衡。在对美态度上，孟加拉国内部存在分歧。部分人强调美是孟服装出口的最大市场，孟离不开美，"我们和美国不存在任何问题，美国是孟加拉国服装的最大出口市场，美国帮助孟加拉国发展了经济，孟加拉国离不开美国"。部分人强调应该对美国保持警惕，认为美国所有行动都是为了自己的利益，未必对孟有利，"我们对美国想从孟加拉国得到什么并不是太清楚。美国采取的行动都是为了自己的利益，未必对孟加拉国有利。比如，美国希望从孟加拉国进口天然气，但是孟加拉国的天然气资源都不够自己用，还够出口吗?"

孟加拉国受印度影响很深。电视里播放印度连续剧，最大英文报纸《每日星报》上印度新闻往往占一半以上，妇女服装首饰跟印度非常类似。许多当地华人表示，孟加拉国有"小印度"之称。孟加拉人时尚潮流基本紧随印度，有钱人喜欢去印度旅游购物。孟加拉人中流传着一种说法，孟任何一个角落发生的事，印度政府当天都可以知道，甚至有些人事任命也要受到印度影响。但也有不少人认为印是孟一大威胁。很多孟加拉人并不乐意听人说自己像印度人，"印度人太自私了，我们去他们那边购物消费，他们却不愿意到达卡来消费"。印度与孟加拉国还有跨境河流分水等许多悬而未决的问题，有孟加拉人表示，"孟加拉国东西北三面都和印度接壤，被印度包围了"。也有人表示，印度当年通过分裂东西巴基斯坦来削弱其力量，并不是为孟加拉国的前途着想。

二、孟加拉人眼中的中国

(一)"四季挚友"和善可亲

自 1975 年建交以来，孟加拉人对中国印象不断改善，近几年更是好感空前。达卡大学教授伊姆提阿兹·艾哈迈德接受媒体采访时表示:"如今,孟加拉国人已将中国视为伟大盟友。中国已连续数年超过印度,成为孟最大的贸易伙伴。同时,中国积极援助孟加拉国的基础设施特别是桥梁和公路建设。孟加拉人中广泛流传着一句话,从达卡去往孟加拉国任何一个地方都必须经过一座孟中友谊桥,所指的就是中国援建的七座桥梁。"孟民族主义党高级领导人马布波·拉赫曼强调:"患难之中见真情!中国与孟加拉国不仅是'夏天的朋友'还是'冬天的朋友',我们两个国家是牢不可破的'四季挚友'。"孟加拉国市场上从小商品到技术产品,"中国制造"比比皆是。孟民众对中国媒体表示,"我们感觉中国人不完全是外国人,而更像是我们家里人。"曾来中国访问的孟教育工作者兼新闻记者胡马雍·卡比尔·乔杜里表示:"中国人不崇拜任何人,也不向任何人乞怜,是自尊的民族,是自己命运的主人。"因此,许多孟加拉人表示,不管孟加拉国哪个政党执政,都会重视发展与中国的良好关系。甚至有孟加拉国军方人士表示:"印度洋已经被军事化,我们希望印度洋是和平海洋,孟加拉湾是和平海湾,南亚是和平地区,中孟两国应继续加强军事交流与合作。"

(二)"佛法交往"源远流长

孟加拉人认为,中孟虽不接壤,但两国"同饮一江水",发源于青藏高原的雅鲁藏布江"出境"后就是布拉马普特拉河。中国和孟加拉国都拥有悠久的历史和灿烂的文化,两国之间有着亲密友好的往来历史。公元4世纪和8世纪,中国高僧法显和玄奘曾先后到孟加拉国求学问道，玄奘的《大唐西域记》是考证孟加拉国历史的重要参考文献；孟加拉国高僧到中国西藏地区弘扬佛法的例子也不胜枚举。近年来，两国佛教交流日益频繁，两国多次派佛教代表团互访。2014 年到云南大理参加"2014 崇圣（国际）论坛"的孟加拉国佛教复兴会高级副主席普拉克瑞塔·兰詹·巴鲁阿表示："我们跟中国佛教协会有非常悠久的友好关系，我们有很多佛教人士来中国访问，同时我们也邀请中国佛教协会、佛教界专家法师到孟加拉国访问。孟中两国佛教协会在传播佛教文化、增进相互了解方面作出了很大贡献。"与此同时，各领域交流合作也都日益频繁。2014 年 5 月孟加拉国百人青年团来华访问，普遍表示对中国发展成就深感敬佩，对孟中关系未来充满憧憬。此外，中国饮食、功夫、舞龙等文化习俗在孟非常流行。孟加拉人很喜欢鸡肉饭、鸡肉汤等穆斯林可食用的中国菜。

（三）"中国制造"质优价廉

孟加拉人对中国科技进步之迅速印象深刻，青年人尤其希望向中国学习科学技术和经济社会发展经验。华为孟加拉代表处一位当地员工对中国媒体表示："中国应给 20—25 岁的孟加拉青年更多技术培训的机会，这能帮助两国科技产业的合作不断取得新突破。"孟国民目前有 50% 的人使用手机通信，这些手机超过半数是"中国制造"。吉大港工商联合会副秘书长安瓦尔表示："我的衣服、裤子、鞋子、手机，从头到脚都是'中国制造'，有时感觉自己就是一个中国人。"达卡大学学生透斯亚·伊斯兰姆表示："在孟加拉最盛行的中国产品当属廉价的电子产品,特别是移动电话等电子产品。"孟加拉国孟中友谊中心秘书长德尔沃·侯赛因则表示:"孟加拉以农业为本,农业所用拖拉机都是中国制造,所用高产水稻种子也是从中国进口,孟加拉人都对中国心存感激,从心里欢迎、喜欢中国人。"不仅如此,近年来,中国的纺织企业等纷纷到孟加拉国投资兴业,"中国制造"与"孟加拉国制造"的合作正不断深化。

(四)"经济快车"渴望搭乘

孟加拉人认为,孟中两国都拥有庞大的人口,起步时经济基础都非常脆弱,中国过去 40 年的经济社会发展经验对孟加拉国很有借鉴意义,"一带一路"、孟中印缅经济走廊倡议与孟发展理念高度契合,能为孟带来巨大发展机遇。孟家拉国提出了"金色孟加拉",争取到 2021 年迈入中等偏上收入国家行列、2040 年成为发达国家。孟总理哈西娜表示,孟加拉国愿在实现"金色孟加拉"梦想过程中加强同中方合作。孟方愿积极参与"一带一路"建设,支持孟中印缅经济走廊建设,以推动孟加拉国电力、能源、技术、农业、水利、投资、交通基础设施、互联互通等领域的发展。孟交通部长德尔吉表示:"中国的倡议可推动打通连接孟中两国的高速公路,这个区域将成为亚洲高速交通的枢纽,届时孟当天摘下的芒果第二天就能放到北京的餐桌上。"目前,孟正效仿中国开办工业园区的成熟做法,计划在孟国内打造 100 个工业园区,中国东方纺织和孟加拉国成衣制造商协会合作,计划在达卡以南的蒙希甘杰投资建设纺织工业园区,"这个投资非常大，建成后将能为孟带来 20 万—25 万个就业机会"。

孟加拉人对中国参与其基础设施建设充满期待，"帕德玛河过去把孟一分为二，中国公司承建的帕德玛大桥建成通车后将大大缩短通行时间，彻底结束只能乘轮渡过河的历史。大桥建成后，西南部地区将被激活，与达卡连成一片，直接拉动经济增长，提高国民生活水平。"孟加拉国权威部门表示，大桥建成后将推动孟加拉国国内生产总值上升 1.26%，相对落后的西南地区将上升 2.3%，贫困率将下降0.84%。自 2015 年开工以来，中国企业已经雇用当地劳动力 2000 多人，占工地建设者的 80% 以上，为当地培养了一批专业化人才，孟加拉人对此深度赞赏。

当然，受信息来源有限等因素影响，也有不少孟加拉国民对中国还缺乏了解，有人认为中国仍是一个贫穷落后的国家，有人认为中国是一个"阶级剥削"严重的国家，有人认为中国人像机器人一样"只会工作，不会生活"。不过，几乎所有来华访问的孟加拉国人士都惊讶地表示："此行彻底改变了以往对中国的认识。"

中国与哈萨克斯坦双向民意分析

中国与哈萨克斯坦毗邻而居，国家关系密切，民众交往热络，但彼此也存在一定认知差距。

一、中国人眼中的哈萨克斯坦

（一）对哈态度总体积极正面

关注哈萨克斯坦的中国民众多数认为，中哈关系友好，哈是中国在中亚的重要合作伙伴。哈资源丰富，政局稳定，发展较快，在独联体中实力较强。哈积极参与区域安全合作，与中国经济互补性强，两国合作潜力巨大。习近平主席访哈提出共建"丝绸之路经济带"倡议后，进一步提高了中国投资者的政策利好期待。在百度"哈萨克斯坦吧"中，绝大部分新近帖子都在询问对哈投资项目问题。

（二）哈国民热情好客

很多中国人认为，哈萨克斯坦是个"吃饭时会得到陌生人祝福"的国家。中国游客熟知哈"在太阳落山前把客人从帐篷里放走，是整个草原的耻辱"等谚语。在多数"驴友"看来，哈"茫茫的草原、烈酒、奶茶、牛羊、粗犷的男人、豪迈的音乐，共同构成一幅特殊图景，有着无穷的吸引力"。

一位在哈萨克斯坦生活多年的中国人谈到，哈民族自尊心较强，对大国存在一定的恐惧感，中国对哈投资或文化交往需要注意这些细节，避免引起对方的不安。

（三）文化差异带来一定交流障碍

中哈文化交流中的重要纽带是哈诗人阿拜，其作品《箴言录》中文版于 1995 年发行，成为两国文化交往的标志性事件。其传记性历史小说《阿拜之路》被誉为"哈萨克斯坦的《红楼梦》"，在豆瓣读书上获中国读者 100%"五星好评"。

中华农耕文化有时与哈游牧文化风格迥然不同，形成明显观念差异。很多中国汉族人在谈及哈萨克斯坦时，常常将其与中国哈萨克族联系在一起。

中国哈萨克族人对哈国有较强亲近感。网上"哈萨克吧"粉丝过万，大量中国哈萨克族人相互交流哈国消息。近来的热门话题有高铁、历史名人、部落主义、民族服装、总统选举等。

(四) 关心哈政局稳定

中国人常把纳扎尔巴耶夫总统比作"哈萨克斯坦的李光耀",亲切地称呼其为"老纳"。其《前进中的哈萨克斯坦》等著作译介到中国后,成为中国人研究哈的重要资料。

与此同时,中国民众认为哈萨克斯坦国内腐败问题较为严重,成为中国投资者进行风险评估的重要考量因素。还有不少关心哈国的民众认为,"后纳扎尔巴耶夫时期"的哈政局存在较大不确定性。

二、哈萨克斯坦人眼中的中国

(一) 总体对华积极友好

哈有一种说法,"中国是世界最稳定的经济体,不需要琢磨那些幻觉并且传播关于中国的威胁论"。在哈中国油企的哈方员工表示,中国人在对我们的公路进行保养和维修,他们为退伍老兵修建了养老院,给我们的学校购买电脑、每年还会买 10 辆或者 20 辆救护车。中国人所做的这一切都是低调进行的。

领土边界问题的解决和跨境水资源分配问题的推进为两国民众增进了解扫除了障碍。苏联解体后,中哈两国 2002 年开始进行边界问题谈判,1994 年签署《中华人民共和国和哈萨克斯坦共和国关于中哈国界的协定》,1998 年签署《中华人民共和国和哈萨克斯坦共和国关于中哈国界的补充协定》，2003 年完成国界勘定工作，解决了两国家间的历史遗留问题，为两国关系发展和民众友好交往扫除了最大政治障碍。

中哈间有 23 条跨界河流。过去哈国内媒体曾炒作"中国水资源威胁"，近年来双方已启动跨境河流水量划分谈判，两国元首在会晤时也多次提到积极推进跨境水资源合作问题。中哈跨界河流领域合作的推进，不但可以规避两国关系中的政治风险点，而且增进了哈人民对中国的积极认知和友好感情。

（二）道路相通将为哈带来更多实惠

哈多数民众愿把"一带一路"建设与哈"光明之路"新经济政策对接，认为道路相通将为哈中经贸合作创造更大空间。哈民众一方面希望中国大力推动包括道路等基础设施的改造、完善；另一方面也希望中国投资要考虑哈的发展节奏，"不要太着急"。

哈学界对"丝绸之路经济带"总体持积极态度，同时也有学者表示，"丝绸之路经济带"建设首先应完善安全保障体系和法律制度体系，没有这些保障，"丝绸之路经济带"建设可能会遇到诸多麻烦。

（三）"汉语是通向美好生活的大门"

在哈萨克斯坦总能听到当地人用"你好"与中国人打招呼。在学汉语的哈学生眼中，"汉语是通向未来美好生活的大门，是开启中国文化之旅的钥匙"。哈萨克斯坦国立欧亚大学孔子学院学生皎月说："在这里，年轻人受西方文化的影响很深。以前没学汉语的时候，我和朋友总会觉得中国人很奇怪，但在接触汉语后，我们发现中国文化十分迷人。"

中国有不少来自哈萨克斯坦的"洋媳妇"，索菲亚就是其中之一。她在学术交流中被中国文化吸引，在华定居并收获爱情。她说："哈萨克斯坦人喜欢中国很多东西，如国画、杂技等。中国人也很欣赏哈萨克斯坦文化，有一次在《中国好声音》节目中听到哈族小伙塔斯肯用哈语演唱《都达尔和玛利亚》（又名《可爱的一朵玫瑰花》），在中国的电视台能听到乡音非常意外，当时感动得流下眼泪。"

总的讲，随着中国综合国力的日益提升，中哈领土边界问题的解决，以及中哈水资源分配问题的推进，两国民众相互熟悉度和好感度正在持续提升。但同时，哈国内关于中国"安全威胁论""经济威胁论""文化威胁论""能源资源威胁论"等各类版本的"中国威胁论"仍不时出现，"中国锐实力论"在哈也有一定市场。中哈"一带一路"合作给两国民众深化相互认知提供了重要契机，哈萨克斯坦人士对中国的认识正日益深入。正如哈中国问题专家鲁斯兰·伊济莫夫所言："近 20 多年来，中国在中亚的形象正逐渐变好。不仅政治家和社会精英积极看待中国，老百姓也是如此"。相关民调数据也显示，哈民众认为中国发展前景最为可期，普遍希望与中国开展务实合作，对中国企业的评价也非常积极。

中国与乌兹别克斯坦双向民意分析

中国与乌兹别克斯坦是不接壤的友好邻邦。随着中乌各领域交往增多和"丝绸之路经济带"的提出，两国关系发展获得新动力，彼此早前的笼统印象开始逐渐被真切感受所代替。

一、中国人眼中的乌兹别克斯坦

（一）"共享"古丝路，人文交流起热情

中乌文化交流、贸易往来始于西汉时张骞出使西域。代表人物阿凡提成为共同的文化符号。在中国，阿凡提是家喻户晓的维吾尔族智者，1976 年还拍摄了同名电影《阿凡提》。而在乌兹别克斯坦人看来，阿凡提是不折不扣的乌古城布哈拉人。当然，除乌兹别克斯坦外，土耳其人也认阿凡提是"老乡"。可以说，阿凡提是亚洲腹地人民共有

的勤劳、智慧、正义和不畏强暴的价值观化身。

在现代中国人关于乌兹别克斯坦的印象中,较为熟悉的是在中亚排名第一的乌国家足球队,中超联赛也吸引了不少乌优秀球员加盟。随着中国"走出去"步伐的加快,越来越多的中国人到乌旅游、学习、兴业。去过乌兹别克斯坦的中国人表示,无论在首都塔什干的大街上,还是在撒马尔罕、布哈拉古城的小巷里,经常会有当地人用"你好"等汉语热情地打招呼,有时还能聊上两句,显得很是"自来熟"。

(二)"丝绸之路经济带"的支持者,国际产能合作的重要伙伴

乌积极响应"丝绸之路经济带"倡议,前总统卡里莫夫赞赏习近平主席是世界级的伟大政治家,认为"丝路经济带"是一个伟大的构想,应积极推动实施,乌兹别克斯坦是"丝绸之路经济带"的重要参与方。在欧美企业望而却步的情况下,全长 19.2 公里、通过 7 个不同地质断层的甘姆奇克隧道,在中国工程人员的努力下,于 2016 年2 月全线贯通,为乌"总统一号工程"——安革连至喀布电气化铁路的完成扫清障碍。中国外交官称之为中乌两国非资源领域的最大合作项目,也是中乌共建"丝绸之路经济带"的早期成果和中国优质产能走出去的成功范例。

据统计,中乌双边贸易额自 2015 年突破 50 亿美元大关,中国跃居乌第一大贸易伙伴地位,累计对乌投资达 76 亿美元,主要集中在油气和基础设施建设领域。乌兹别克斯坦资源丰富,国际社会习惯称乌有"四金":乌金(石油)、黄金、白金(棉花)、蓝金(天然气)。

近年来，一些中国企业已经开始注意到乌政府大力倡导结构调整和产业升级，搞工业和农业全面现代化，大力引进外资和先进技术。一位驻乌中企代表说，一些中国高科技企业已开拓乌市场，时不时可以看到乌年轻人手上用着中国品牌的智能手机等电子产品。

（三）笃教、世俗生活"两不误"

乌 82%以上人口信奉伊斯兰教，费尔干纳、撒马尔罕和布哈拉自古以来就是中亚伊斯兰教宗教中心，乌穆斯林信众在中亚素有最正统的名声。乌政府注册的清真寺、伊斯兰经学院遍布全国，穆斯林可不受限制地去学习，但在官方注册之外的"地下"清真寺举办的宗教活动则被视为非法，屡次制造恐怖事端的"乌兹别克伊斯兰运动"就属此类。

没去过乌兹别克斯坦的中国人，受媒体对恐袭事件高密度报道的影响，往往以为乌是高度伊斯兰化的社会，男子蓄须，妇女罩黑纱，极端主义势力肆虐。其实，恐袭在乌属于小概率事件。从去过乌的国人叙述以及乌网友分享的图片看出，乌社会比较世俗化，街上姑娘小伙子们身着时尚服装，神态轻松，表明乌民众信伊斯兰教与过世俗生活互不排斥。在学者眼里，在卡里莫夫领导下，乌独立后经过艰辛探索，走出了一条符合本国国情的道路，形成了民众支持率较高的"乌兹别克斯坦模式"。据《2016 世界幸福度报告》，乌在世界幸福指数排行榜上排名 49 位，是独联体中最幸福的国家之一。

二、乌兹别克人眼中的中国

(一)乐见中国强盛,积极参与合作

乌官方认为,中国创造了有别于欧美的发展方式,同中国发展关系不仅能平衡俄美欧,而且有利于乌繁荣与发展、稳定与安全。从2009年6月到2014年10月,乌政府门户网站的英文涉华报道共231篇,其中37.2%为政治类,30.7%为经济类,其余为军事、文化、科技、体育方面,报道内容均正面、积极和肯定。总体看,民众对中国的印象正经历从"不了解"到"感兴趣"再到"想合作"的演变。

与此同时,乌部分民众对中国企业在乌开展经济活动也还存有一些顾虑。不过,随着两国务实合作的不断深入,这种担忧正在逐步淡化。

(二)赶上"中国大船",热衷来华就医

随着中乌经贸人文交往加深,乌民众开始对中国感兴趣。乌世界语言大学一位汉语老师说,现在越来越多的乌年轻人开始对学习汉语感兴趣,他们或出于对中国的好奇、为去中国旅游、做生意,或在中资企业找工作而学汉语。乌兹别克斯坦小伙儿绍拉苏尔·沙曼苏洛夫从7岁开始学中文,中文名字叫"大使"。2013年,他到中国读研究生,对中国感情越来越深,甚至有点儿"乐不思乌"。他说,在中国只需

三五年便能实现他在乌奋斗十年才能达到的目标。未来他要从事两国间贸易，成为真正的"贸易大使"。

除来华学习、工作、兴业外，也有相当数量的乌民众来华就医，成为两国民间交往的另一重要纽带。新疆离乌兹别克斯坦较近，医生处理中亚地区杂症水平较高，语言基本相通，所以越来越多的乌患者慕名来新疆治疗。据新疆自治区旅游局统计，每年赴新疆8万余名中亚游客中，医疗旅游占5%，其中不乏来自乌兹别克斯坦的患者。2001年，新疆医学博士阿米娜·阿不都热西提在塔什干开办了第一家由中国人独立经营的私立中医院，把中医针灸用于临末治疗。当地人很认可中医针灸效果，认为针灸"有病治病，没病护理"。

（三）摸得着"中国制造"，听不见"中国声音"

产品物美价廉让乌兹别克斯坦人感受到中国制造的独特优势。乌中小企业看到中国设备制造直追世界先进水平，有的甚至领先，希望跟中国进行产能合作。沙赫里萨布兹市一家棉纺厂厂长甚至直言不想与俄、欧合作，只想与中国合作，因为中国距离近，设备先进，价格合适，质量也不比欧洲差。

但是，尽管"中国制造"在乌随处可见，"中国创作"——书籍、报刊、电视剧、电影等在乌却仍然较少，乌民众主要通过在乌落地的俄罗斯媒体和本国的俄语媒体了解中国。乌社会学家瓦列里·汗说，乌民众对俄罗斯文化耳熟能详，对中国的情况却所知甚少。俄罗斯在乌大力开展文化交往工作，中国在这方面做得还相对较少。俄罗斯的一些媒体甚至比乌本国媒体更吸引民众，而中国媒体对乌民众的影响力则相对较小。

中国与伊朗双向民意分析

中国与伊朗同为文明古国，彼此仰慕却了解不多，且信息大多来自西方。近年随着交往增多，两国人民的了解正在加深。

一、中国人眼中的伊朗

（一）丝路结缘

古代中国和波斯是海陆丝绸之路上的重要国家。我国西北地区考古发现的波斯金币和银币，福建泉州发现的波斯人墓葬及其他遗存，洛阳博物馆里刻有波斯人形象的陶俑瓷偶等，印证了两国友好交往史。今天我们生活中随处可见的西瓜、葡萄、菠菜、胡萝卜、石榴、核桃等原产于波斯。我国古代的丝绸、瓷器及打井、炼铁、制漆、缫丝等工艺也经古丝绸之路传入波斯并西传。我国古代的纸币技术在元代传到波斯，后来波斯一些纸币上还印有中国文字。

（二）政教合一

1979 年霍梅尼革命后建立了最高领袖终身制，高居总统之上，体现了其对"正义概念"的独特理解："西方的社会正义概念源自古希腊，政府由人民而来，为人民服务；伊朗正义概念源自《古兰经》，政府由真主而来，为人民服务。"

在中国人看来，霍梅尼的"不要东方，不要西方，只要伊斯兰共和国"充分体现了其政治和宗教立场。伊朗现任最高领袖哈梅内伊是霍梅尼的追随者，在伊朗政坛一言九鼎。前总统内贾德似乎桀骜不驯、好战爱斗，但他艰苦朴素、为人谦和、不畏强权、固守本国传统价值，"极富个人魅力"。现总统鲁哈尼较为温和，与国内各方都保持着较为良好的关系，并力求与国际社会建立"建设性互动"关系，让人对伊朗的未来抱有积极期待。

（三）清规戒律

伊朗民众 91％为什叶派穆斯林，每年伊斯兰教历 1 月 10 日的阿舒拉节特别隆重，要举行规模浩大的活动，纪念 680 年殉难的穆罕默德的外孙侯赛因。这一场面的中国亲历者表示，"伊朗把悼念演绎成凝聚民心、牢记历史恩怨的平台，其文化特质和宗教情感显现得淋漓尽致，令敌人望而生畏。"

伊朗禁止女性在公共场所暴露头发和肌肤，专门设有"风化警察"，这让中国人颇感兴趣。德黑兰机场提示牌写着："亲爱的姐妹们，你们好比美丽的珍珠，'黑夹布'好比贝壳，贝壳越厚实，珍珠就越发靓丽！"不过，如今在德黑兰街头，也能看到新潮的年轻姑娘用漂亮的花巾代替了黑夹布，将染色的刘海展现出来。一位曾经去过伊朗的中国公民表示，"一旦伊朗取消对女性着装的限制，或许第二天就会出现满大街的时尚超短裙。"

（四）精明能干

中国媒体对伊朗报道比较偏向政治，民众对伊朗经济社会状况的了解比较有限，存在很多误解。"这是一个被很多人忽视的世界。如今大家都在讨论战争、制裁和核武器，都快忘了普通伊朗人的生活。"但去过伊朗的人往往为其灿烂的文化、文明的人民和祥和的社会所震撼，由衷感叹"不虚此行""出乎意料"。

中国人去过伊朗后都有一种感觉，伊朗人文明素质较高，待人有教养，懂礼貌，尊重妇女和老人，公园中很难见到纸片和烟头，即使在偏僻的小巷，也难见卫生死角。有记者谈到，伊朗人喜欢从文明、公正、独立性等方面评判对方，而较少从经济、军事等方面去谈论一个国家。伊朗人喜欢慢节奏，遇事不紧不慢，"四层高的楼房可以盖四年，一座电视塔可以盖十年"。与伊朗人打过交道特别是做过生意后，大家都认为他们非常精明，尤其擅长谈判，总是不作妥协，直到快要谈崩时才作出让步。

(五) 璀璨文明

中国人对伊朗文化艺术成就印象深刻。《一千零一夜》中阿拉丁乘坐的"魔毯"起源于波斯地毯，2010年上海世博会伊朗馆摆放的一块挂毯，每一平方厘米有1200个结，标价达380万元人民币之高。伊朗细密画吸收东西文化要素，古波斯诗坛"四大支柱"的菲尔多西、海亚姆、萨迪和哈菲兹等四位诗人，深受中国民众喜爱。郭沫若1928年翻译了海亚姆的诗集《鲁拜集》，王敬斋1948年翻译了萨迪的《蔷薇园》。2002年，湖南文艺出版社历经6年打造的《波斯经典文库》被中国国家图书馆和德黑兰图书馆永久收藏。

一些中国影迷对伊朗电影情有独钟。伊朗电影以朴素无华的影像风格和简单真实的内容题材享誉世界，其中伊朗儿童电影可谓世界电影史上的一朵奇葩。《小鞋子》电影中，阿里弄丢了妹妹的鞋子，为不让父母知道，兄妹俩轮流穿阿里的鞋子上学。阿里决定参加长跑比赛，因为季军奖品是一双运动鞋。然而，一心想拿季军的阿里却意外地拿了冠军，当大家纷纷前来祝贺时，阿里内心却无比沮丧。网友表示，电影"真实、质朴，是一部净化人心的电影""展示了人性善良的光辉"。《天堂的颜色》《何处是我朋友的家》《白气球》《樱桃的滋味》等影片也很受中国观众喜欢。

二、伊朗人眼中的中国

（一）中国伊朗是兄弟

同为丝绸之路上两个文明古国的后人，伊朗人对中国人似乎有种天然的亲切感。早在古代，伊朗就流传有"伊斯法罕是世界的一半，北京是世界的另一半"的说法。今天的伊朗人，见到中国人会紧握双手，用波斯语"秦"（波斯语意为"中国"）打招呼，"Iran（伊朗），Chin（中国），Doost（朋友）！"的哥会向中国乘客高兴地喊："中国好！中国好！中国伊朗是兄弟！"

然而，对多数伊朗人来说，中国仍是一个遥远而模糊的国度。中伊互派新闻机构、人员都不多，彼此深入报道相对缺乏。伊国内电视台大量引进西方国家制作的节目，观众不得不从第三方视角看中国。有的西方节目介绍中国在非洲投资时，渲染负面信息，一定程度上影响了中国在伊朗人心中的印象。

（二）质优价廉中国造

相对于中国经济社会发展，伊朗民众似乎对中国基础设施建设取得的成就更感兴趣。2006 年，中信公司承包的德黑兰地铁一、二号项目全线建成开通，伊朗成为中东第一个拥有地铁的国家，被命名为"总统一号工程"的地铁从此成为当地人出行的首选。2014 年伊宣布同意中国投资库姆—伊斯法罕快速铁路后,当地民众纷纷表示,这次道路与城市发展部"真是找对人了"。

如今,华为、中兴、小米、长安汽车、格力空调、美的等中国品牌在伊朗并不少见,但中国制造在伊朗也有一些负面看法。巴扎(市场)里到处是来自中国的廉价商品,纺织品、玩具、DVD……以至于当地人说,"现在的巴扎应该改名叫中国巴扎"。一位在伊朗留学的中国学生说,有一次房东拿着坏了的电话机来请他帮忙修理,说"这是中国货,你看得懂说明书",他发现电话机其实是松下生产的,但房东却坚持说"才用了没多久就坏了,一定是中国造的"。可见有些伊朗民众将中国产品与质量差画上了等号。

(三)借力丝路走世界

伊朗前总统拉夫桑贾尼认为中国走了一条正确的道路,会成为最强大的国家。伊朗也希望改革,但民众担心改革会导致取消各类补贴,进而影响生计,希望学习中国改革经验。他们认为,中国改革开放之初虽取消了各项补贴,但人们的收入得到了大幅提高,改革并未降低百姓的生活水平,这令人羡慕,希望伊朗也能出现"小平同志"这样的领导人。

近年来,伊朗大力推行"向东看"政策,重点和中国进一步发展关系。在中国提出的"一带一路"倡议中,伊朗处于中转站的位置,伊政府积极响应,并成为亚投行创始成员国。伊朗各界重新把目光放在丝绸之路的东方起点——中国，希望再次成为中国商人走向世界的大巴扎和大车店，以及伊朗商品走向中国的大驿道，再创商业和文明的大繁荣。

中国与沙特阿拉伯双向民意分析

中沙自 1990 年建交以来，两国关系不断提升，不过两国民众过去相互了解不是太多，彼此带有较强神秘感。近年来，随着各领域交往不断增加，两国战略伙伴关系逐渐深化。

一、中国人眼中的沙特

提到沙特，很多中国人立即会想起浩瀚无际的戈壁，鳞次栉比的油气钻井与高高耸立的宣礼塔；奢华的王室生活，声势浩大的朝觐，身披白袍的王子，一袭黑纱的女子；满天星斗般的清真寺里，虔诚的穆斯林整齐地做着礼拜，到处都充满着神秘感。

(一) 石油王国

地上荒沙无法掩盖地下富足的石油资源，沙特被称为"漂浮在油海之上的王国"。很多中国人赞叹说，沙特立国时间虽然不长，但凭借得天独厚的资源优势，从一个贫穷落后的沙漠国家变成能源富集、财力雄厚、人均收入位居世界前列的"世界富豪"。沙特人口3255万，原油探明储量占全世界探明储量的16%，居世界第二位，天然气储量居世界第六位，[①] 被中国人称为"富得流油的国家"。

因在国际原油市场和战略版图中的地位举足轻重，沙特经常以国际能源论坛（IEF）、欧佩克（OPEC）、海合会（GCC）核心成员的身份出现在中国媒体的报道中。此外，沙特连接亚、非、欧三大洲，东濒波斯湾，西临红海，东西两边分别守望霍尔木兹海峡和苏伊士运河。伴随着"一带一路"建设的推进，因其作为古代陆上及海上丝绸之路的交汇点的显著区位优势而逐渐被中国人所熟知。

(二) "兄终弟及"

英俊的"阿拉伯王子"是普通中国人对沙特的特有印象。其展现的宗教特征、政治文化、王室风格引发了人们对这个国家的好奇。沙特是目前世界上为数不多的以家族（沙特家族，Banu Saud）命名的政教合一的君主制国家，《古兰经》和《圣训》是沙特制定法律的重

---

① 外交部网站数据。

要依据。历届沙特国王都坚持一句口号："我们要使国民在自己的土地上,在天经和逊奈下,幸福地生活。"

沙特至今采取"兄终弟及"制,沙特阿拉伯王国开国君主阿卜杜拉·阿齐兹·伊本·沙特去世后,王位始终在其 36 个有继承权的儿子间传承。现国王萨勒曼,就是上一任国王同父异母的弟弟。

中国人谈论沙特最多的还是"王室的奢华"。沙特王储度假包下马尔代夫三座岛屿等"土豪"行为令中国人咋舌。普通中国游客经常会提到沙特是"购物天堂",其奢侈品比迪拜品质更优、品牌更全。然而据一些在沙特有着长时间工作经历的人反映,"当地并不是所有人都富裕,许多民众没有自己的房子,靠租房过日子"。

(三) 朝觐圣地

对于中国的穆斯林民众来说,沙特还有另外一层意义。作为伊斯兰教发源地,沙特拥有麦加和麦地那两处圣地,沙特国王自称为"两个圣地的仆人",因此沙特也是很多中国穆斯林民众向往的朝觐圣地,"只要经济条件许可,一生必须去沙特的麦加和麦地那两个圣地朝觐一次"。2015 年,赴沙特朝觐的世界穆斯林多达 250 万人,中国有 1.45 万穆斯林乘包机前往。

(四) 热情好客

到访过沙特的中国人表示,大多数沙特民众并不极端,他们为人豪爽、热情好客、爱开玩笑，尤其喜欢替别人"买单"，这与富裕与否没有多大关系。伊斯兰教宗教信条之一叫"天课"，倡导富人要帮助穷人。因此民众这样做，也是为了获得真主的喜悦。有网友调侃说："到了沙特人家里，可别老盯着一样东西看，因为对方会觉得你想要，很可能就说送给你了。"

在沙特务工的中国人感觉沙特人比较随意，不大从事服务性的工作。在沙特，大多数保洁、保姆、建筑工、售货员都是来自印度尼西亚、巴基斯坦、孟加拉国等穆斯林国家。此外，沙特人时间观念也较为淡薄，"任何进出吉达机场海关的人都深有体会，排一两个小时的队是稀松平常的事情"，"沙特人时间观念不太强，如果说一天后让你来办某件事情，那你三天以后来才基本靠谱"。

（五）男权禁忌

大多数中国人都知道沙特是男权社会。中国女性游客普遍反映，在前往沙特前会被要求自备黑纱。在大多数中国人看来，沙特女性在很多方面受到限制。但是，在沙特长期居住的中国民众表示，沙特人与中国人有一点非常相似，他们非常注重家庭。虽然按照伊斯兰教法，普通穆斯林可以同时拥有多个妻子，但沙特法律规定丈夫必须对所有老婆一视同仁。由于"一碗水端平是个难题"，多数沙特男士都倾向于娶一位妻子，娶三个及三个以上的非常少见。

沙特的禁忌颇多，凡是准备去往沙特的中国人都得"处处小心"。沙特严禁一切违背伊斯兰信仰和教规的商品及行为，刑罚较严。严禁携带酒、猪肉及其制品入境;严禁开办电影院、歌舞厅等娱乐场所;公共场所未经同意不准拍照,尤其不能对妇女拍照,等等。很多想要前往沙特旅游和投资的中国人对此感到有些紧张。

二、沙特人眼中的中国

在沙特人的眼中,对中国的印象仅仅停留在屏幕上年代久远的影视剧目、新闻上遥远模糊的画面以及价廉物美的商品上。

(一) 中沙友好源远流长

打开尘封的历史,沙特人发现,"中国与沙特之间的商贸往来,早在 2000 多年前就开始了"。2000 多年前,沙特就通过古丝绸之路从中国进口瓷器等商品。至今阿拉伯语中"瓷器"与"中国"仍为一词。明朝郑和第七次远航到达麦加。阿拉伯历史上有个叫欧卡伊勒的著名商人,从中国贩运货物到阿拉伯半岛。从那时起,沙特人就习惯于把贩运中国货物的商人叫"欧卡伊勒"。

2008 年 5 月,在汶川遭受地震灾害的危难时刻,时任沙特国王的阿卜杜拉立即来电,向中国政府和人民表示同情和慰问,并迅速向灾区提供超过 5000 万美元的外汇和 1000 万美元的物资援助,是当年中国收到的最大单笔海外援助。2013 年,沙特杰纳第利亚遗产文化节中国主宾国活动开幕,安保检查严格。当中国媒体车辆没带通行证经过检查岗时，士兵向车里仔细望了望，一看都是中国人就放行了，中国人的面孔成为最好的"通行证"。

（二）希望搭乘"中国快车"

中国是沙特石油出口最大的"金主"。在沙特看来，中国是经济强国、人口大国、能源进口大国。目前，中国已经超过美国成为沙特第一大石油进口国。沙特看好中国发展前景，认为在可以预见的未来，中国仍然是沙特石油最大的买主。

沙特连续 10 多年成为中国在西亚北非地区最大的贸易伙伴，2015 年中国跃居为沙特最大的贸易伙伴。沙特企业界特别看好中国发展前景，认为与中国合作可以赚大钱。沙特也看好双方在电子商务等新兴领域的合作，京东正积极推进与沙特政府合作，共建"网上丝绸之路"。沙特也十分看重中国的装备制造能力。中方承建的麦加轻轨项目，每年运送数百万来自世界各地的朝觐者，既安全又舒适，成为中沙合作的标杆，沙特人感觉"很有面子"。

（三）互学互鉴永不过时

伊斯兰教先知穆罕默德说过，"求知去吧，哪怕远在中国"[①]。沙特精英认为，即便从宗教角度讲，沙特也有需要向中国学习的地方。民

---

① 出自泉州海外交通史博物馆伊斯兰文化陈列馆中记录陈列的一句圣训："求知去吧，哪怕远在中国。"

众对中国政府组织朝觐倍感"先知"确有"先觉":中国穆斯林从各地赴麦加朝觐,往返包机就有100多架次,中国政府还派出包括安保和医疗工作组在内的朝觐工作团陪同服务。更令沙特佩服的是,为防止中东呼吸综合征和埃博拉病毒对朝觐者造成威胁,中国特意选派两名防疫专家随团防控。沙特穆斯林倡导的平安朝觐、文明朝觐、有予朝觐的圣愿,由来自遥远东方的中国率先推动实现。

当然,两国民众相互认知也还存在一些消极因素。普通民众对中国经济发展现状知之甚少,目前仍有不少沙特人认为中国人还生活在贫穷与饥饿中。媒体上也不时出现对中国宗教政策的失实报道。当然,上述问题随着中沙各方面交流的不断深入正逐渐改善。

中国与土耳其双向民意分析

中国与土耳其分别位于亚洲大陆东西两端，近年来双边关系不断发展，虽有磕磕绊绊，但友好合作趋势总体不变。

一、中国人眼中的土耳其

（一）古老帝国历经沧桑走向复兴

提及土耳其，中国民众会想起古丝绸之路上突厥人的驼队，拜占庭和奥斯曼帝国的盛极一时，以及近代以来它与中国"同病相怜"的历史命运。康有为在《进呈〈突厥削弱记〉序》中曾写道："横览万国，与中国至近形似，比拟同类，鉴戒最切者莫如突厥矣。"这既代表了近代中国知识精英的真实体悟，也影响了当代中国人对土的历史认知。

土耳其如今正走向复兴。在"薄荷四国""新钻十一国"和"展望五国"等代表世界新兴国家的"朋友圈"中，土都赫然在列。与中国一样，土也有百年目标——"2023 百年愿景（2023 Vizyonu）"，即争取在 2023 年建国一百年时经济总量进入世界前十。

（二）文明交汇点，旅游好去处

土耳其横跨欧亚两洲，"像一匹脱缰的烈马，从亚洲狂奔而来，一头撞进欧洲大陆"。这也造就了土"不东不西，亦东亦西"的国家特质，不过正如亨廷顿《文明的冲突》中所写的那样，土因其地理位置也导致角色略显尴尬。

但这却催生了土耳其斑驳灿烂的文化。莫言曾评价土说："无论从宗教上、文化上、地理上，都处在一种西方和东方的汇合部，产乍了非常多的创新性艺术元素，会让一个人的想象力插上翅膀。"身临该国，"有亚洲的感觉、中东的感觉，同时也有欧洲的感觉，甚至还有一点非洲的感觉"。与该地区的其他国家不同，土选择了"揭开面纱，穿上西装，走向现代"的世俗化道路。

走在土耳其城市街头，仿佛在读一本关于东西方文化的历史书。在伊斯坦布尔的街角，抑或在地中海的港湾，既能看到上千年历史的古希腊石雕，也能看到几百年历史的清真寺。伊斯坦布尔的蓝色清真寺和圣索菲亚大教堂仅有一路之隔。如此绚丽多彩的风景，吸引了国内不少真人秀节目扎堆赴土取景，有媒体人甚至风趣地写道："如今的中国娱乐市场绝对够'土'。"土诺贝尔文学奖得主奥尔罕·帕慕克的《伊斯坦布尔：一座城市的回忆》一书深受中国读者喜爱，有读者打趣道："读此书不到三分之一，就能产生一种马上去伊斯坦布尔旅游的冲动。"

二、土耳其人眼中的中国

（一）整体印象较积极

遥远的距离并未削弱土耳其人对中国的友好热情。土民众对中国的普遍印象是："经济发展迅速"，"中国人热情友善"，"菜肴味美"，"与土耳其文化相近"；"人民精气神很足，总是面带微笑"；"既有现代化的城市，又有许多历史悠久的古迹"。土耳其期望越来越多的中国游客前去旅游。

（二）希从"东风"中借力

在土耳其民众眼中，中国是经济强国，中国人"有钱"，与中国人合作，可以做大生意、赚大钱。在伊斯坦布尔市场大巴扎，只要看到黄皮肤、黑头发的人，当地商贩第一反应就是不停地用"你好""便宜""打折"等简单汉语招揽顾客，兜售商品。土前总统柯南·埃夫伦曾说："如果每个中国人都能买我们一个橙子，那我们就富了。"

面对中国的全面快速发展，务实的土耳其人并无妒意，而是乐见其成，鲜见"中国威胁"论调。尤其是中国高铁"出海"至土，已成为中国在土的一张"新名片"，深深地印入人们的脑海。前土驻华大使奥克塔伊·厄聚耶接受采访时曾表示，"在土耳其，不论是政府官员还是商界人士，都视中国崛起为机会，而不是威胁"。

（三）"准超级大国"实力强

土耳其精英阶层看好中国发展前景，甚至把中国视为"准超级大国"。21世纪新的国际力量格局将由新的民族和文化来塑造，美欧少数大国掌控世界的时代即将过去。而在这个国际格局转型中，中国是强有力的引领者，是"领头羊"之一。

在土耳其学界流传着一种观点认为，"能够勇敢地变革不平等单边秩序的国家，就是中国了！""考虑到今天的地位和未来的潜力，中国趋于与美国同等重要！""中国到2025年有望成为一个超级大国，提升与中国的合作，并寻求新的合作机遇，对土耳其来说是不可缺少的。"

欧　洲

中国与芬兰双向民意分析

中国和芬兰建交以来，两国关系一直积极向前，发展空间广阔。两国民众对彼此颇有好感，民心相通基础扎实、前景乐观。

一、中国人眼中的芬兰

芬兰有许多能让中国人耳熟能详的东西：以这个国家的名字命名的"芬兰浴"、昔日的手机帝国霸主"诺基亚"、"圣诞老人"的正宗老家等。关注国家治理的人士则发现，这个遥远的北欧国家，近年来曾多次获得"最廉洁的国家""最具竞争力的国家""幸福指数最高的国家"等多项殊荣。透过标志性的文化意象，细查芬兰的人文发展，中国人看到的是一个很有"精气神"的民族，一个看起来是"小"国、品起来却"大"有味道的国家。

（一）大自然，芬兰人民的身心乐园

芬兰的空气洁净程度在全世界数一数二，景色之美不输任何国家。说芬兰是"千湖之国"，实在是说少了，因为这里有 18.8 万个湖泊，平均不到 30 个人就拥有一个湖。芬兰也是森林之国，森林覆盖率高达 75%，居欧洲第一，森林被芬兰人誉为"绿色金库"。"芬兰浴"称得上是芬兰国粹。许多芬兰神话和民俗都源于芬兰浴，民间传说和文学名著中，桑拿是常用词，最典型的就是芬兰民族史诗《卡勒瓦拉》中数十次提到桑拿。古老的芬兰人把桑拿浴室视为圣地。今天有些芬兰人依然相信桑拿浴室的木榻下有神灵。芬兰谚语说："一个人在桑拿中的行为应该和他在教堂一样。"在芬兰，与他人共同桑拿是联络感情的方式，在桑拿房中，大家"坦诚相见"，谈论实实在在的话题。芬兰人把桑拿体验提升到了一个前所未有的地位，在现代生活中，桑拿房甚至是芬兰人作出重大决策的场所。从芬兰浴中，我们看到了芬兰人的耐热耐冻扛摔，更看到了芬兰人与自然的亲和。

对大自然的热爱深深融入芬兰人的骨血，保护自然也成为芬兰人理所当然的选择。根据环境绩效指数（EPI），芬兰是世界上环保做得最好的国家之一，在全球清洁技术指数中，芬兰排名世界第二。芬兰方案以节能智能著称，在净化空气、水和土壤方面技高一筹。芬兰人相信只有亲近大自然，方能创造出更加和谐的社会。

（二）"西苏（Sisu）精神"，芬兰民族的精神源泉

芬兰人喜欢用"Sisu"这个词来描述自己的民族性格。芬兰语对此译为："力量与坚强的意志""毅力与勇气"；对于"西苏"精神，习近平主席在发表于 2017 年 4 月 3 日芬兰《赫尔辛基时报》上的署名文章中，以"坚韧不拔"四字概括。在许多紧要关头，芬兰人用"Sisu"来战胜一切困难。芬兰人靠"Sisu"精神去做实业，造出了以"Sisu"命名的吊车和装甲车，更造就了几经沉浮、数次华丽转身的传奇品牌诺基亚；芬兰人靠着"Sisu"精神去打仗，在战争中造就了"狙击之王"的西蒙·海耶这样的民族英雄，打出了"白色死神"的威风；芬兰人靠着"Sisu"精神去参加奥运会，创造了人均奥运奖牌第一的奇迹和"飞翔的芬兰人"的雅号；芬兰人靠着"Sisu"精神去参加汽车拉力赛，开出来了 14 个拉力赛世界冠军和 4 个 F1 世界冠军，在拉力赛界留下了"要想赢，雇个芬兰车手"的美名；芬兰人靠着"Sisu"精神去搞建设，不仅在规定时间内还清苏联全部债务，还在全国建立起了较完善的工业体系，完成从农业国向工业国的转变，在 2008 年世界金融危机后也很快走上了恢复振兴之路；在社会治理方面，也是靠着"Sisu"精神，质朴自律的芬兰人以守法廉洁为荣，成就了芬兰诚实诚信的社会环境，也大大减少了社会治理成本。

中国人感觉到，芬兰的发展可以用"白开水"来形容，不像充满气泡的可口可乐，也不像一道浓汤，它是悄然的、缓缓前进的。这都跟芬兰人的"Sisu"精神密不可分。"Sisu"可能是很多外国人知道的第一个芬兰语单词，这个词体现了芬兰人骨子里的理念。芬

兰人的这种原始个性一旦发挥，情势往往会向着对芬兰人有利的方向发展。在过去的一百年中，芬兰人民紧密团结在一起共同建设自己的国家。展望未来，芬兰人民将继续发扬"Sisu"精神，迎接下一个百年。

（三）教育，芬兰最宝贵的财富

芬兰重视教育，芬兰民众普遍认为："我们没有石油，也没有别的矿藏，我们有的只是知识。"芬兰重视教育，体现在芬兰人是世界上最爱看书的国民。芬兰中学生最常从事的"休闲活动"就是阅读。芬兰重视教育，体现在教育投入上的大手笔。该国实行9年一贯制免费、义务教育。现有各类学校4023所，在校生超过189万人，全国有图书馆7765家，人均借阅量和人均出版量均居世界前列。芬兰的免费教育覆盖从小学到博士的所有教育阶段。芬兰重视教育，体现在一种理念上：在其他国家，发展教育可能被视为烧钱；而在芬兰，发展教育则被看作是投资。芬兰重视教育的回报，可以从很多方面看出来。

芬兰重视教育，还体现在教师是最受欢迎的职业之一。教师资格考试非常严格，看重的是申请者的教育热忱、宏大视野和培养学生创新思维的意识和能力。全球最高标准的师资门槛，让芬兰的教师不仅仅是教书人，也是研究者、领导者，许多芬兰政府中的杰出官员是由教师转任。

（四）创意与创新，芬兰不竭的发展动力

芬兰参加 2010 年上海世博会的口号是"灵感分享"。"灵感"是芬兰的最大资源。在芬兰的一些大学里，不管是教室的布置还是实验室的设计，到处体现着创意。创意与创新，体现在研究与生产的结合。芬兰有超过 15 所与生命科学相关的大学和机构，支持 150 多家生命科学领域的企业进行技术创新。创意与创新，还体现在"芬兰设计"上。从建筑、服装、家具、日常用品，到室内外装饰布局、服务设施、城市规划，芬兰设计都以构思奇妙、简约明快、自然环保著称。创意与创新，还体现在"将设计融入生活"。2012 年，赫尔辛基赢得"世界设计之都"的称号。芬兰设计已经不只停留在物化层面，而是一种综合的设计思维。新的创意不断在设计领域内涌现，融入式设计也非常强调从规划和设计的最初阶段就注重用户的需求，其目的是在芬兰和全球增加对芬兰设计的需求。创意与创新，还体现在设计是一项高质量的文化输出。对于希望在国际上脱颖而出的芬兰公司来说，设计也是一个日益重要的有竞争力的因素。包括中国用户在内的各国人士信任芬兰原材料和产品的纯净和正宗，这也为芬兰设计和产业的未来搭建了一个良好的起点。在芬兰，新兴科技企业的成长环境极佳。国家会提供政策、资金等方便的支持，同时利用资源推动品牌的输出，促进企业国际化。

二、芬兰人眼中的中国

新中国与芬兰之间的友好交往表明,芬兰政治家有长远眼光和政治智慧。芬兰一直对华友好,芬兰是第一批承认并且不经谈判即与中国正式建交的西方国家,是第一个与中国签订政府间贸易协定的西方国家。

(一)"一带一路"拉近中国和芬兰

芬兰总统尼尼斯托表示,习近平主席提出的"一带一路"倡议,将使芬中更紧密,两国互尊互信、互惠合作的道路将会越走越宽广。尼尼斯托认为,在欧洲经济陷入危机的背景下,"一带一路"倡议对芬兰尤为重要,芬兰很幸运能与中国拓展贸易关系。芬兰前驻华大使马寰雅认为,在全球正在寻找经济增长新引擎的情况下,"一带一路"倡议能够将各国不同的发展计划更好地对接起来。"一带一路"国际合作高峰论坛是一个很好的平台,各国可以此平台深入探讨各领域务实合作,确保发展计划和项目具有可持续性和包容性。来华访问的芬兰相关代表团表示,希望两国能在"一带一路"框架下加强民间往来,尤其是青年之间的交往,推动中芬民心相通。

(二)北极合作深化共商和共享

芬兰政府和人民长期支持中国成为北极理事会正式观察员国。

2013 年 5 月北极理事会接纳中国为正式观察员国时，拉普兰大学北极中心教授科伊武罗瓦表示，中国在北极地区一直采取负责任的态度，北极理事会欢迎中国的加入。芬议长玛丽亚·洛赫拉表示，中国与北欧的北极合作是知识和利益共享的典范。洛赫拉说，全球化给北极合作带来机遇，也带来风险。为了有效应对挑战，必须尽可能了解、掌握这一地区的情况，这就需要开展国际学术交流与合作。对芬兰而言，中国是难得的伙伴。芬兰前驻华大使古泽森表示，两国在北极事务上的合作，未来大有可为。芬兰希望未来两国能共同探讨北极事务、分享知识、共建产业、共享成果。芬兰驻美武官帕科·托瓦里少将说，中国人明白，为了能在北极事务上发挥积极作用，中国必须跟北极当地的国家合作，芬兰是中国谋求合作开发北极资源的一个伙伴国。芬兰将与中国等观察员国一道，共同维护北极的和平与稳定。

（三）芬兰各界有了自己的"中国梦"

芬兰从中国的迅速发展中看到了机遇。在中国投资建厂、设立研发中心、带动公司走向全球，这已经成为不少芬兰公司的"中国梦"。芬兰技术创新局在"美丽北京"合作项目中积极踊跃，推动两国环保机构和企业在与空气污染密切相关的能源、建筑施工、交通运输、工业生产和污染监测分析等领域展开密集合作。芬兰议会文化教育委员会副主席劳斯拉赫蒂表示，芬中教育合作越来越深入，希望进一步开拓新领域。她认为，中国是一个新兴大国，采用了与芬兰不同的教学方法，两国在教育上可以互通有无，包括对未来的教育环境和课程进行创新型设计。

（四）中芬新型合作伙伴关系影响深远

芬兰政界商界人士表示，中芬关系提升为面向未来的新型合作伙伴关系，表明两国具有真正的互信，两国能够像一个团队一样，一起做事。两国间的合作机制让双方合作更容易、更有效率，投资、环保、创新、城镇化将成为重点合作领域。中国政府致力于解决环境问题的决心显而易见。中芬合作涵盖各个层面，现在芬兰正在寻求加深与中国在冬季运动领域的合作，包括从运动员培训到体育基础设施等方方面面。中国向绿色经济转型、解决环境问题，这些都是非常重要的。中国是最大的单一市场。马寰雅认为，作为一个国内生产总值（GDP）主要依赖于对外贸易的国家，芬兰一直以来都是自由贸易和经济全球化的倡导者。芬兰很高兴看到中国在全球治理中正扮演更加积极的角色，比如在二十国集团，亚洲基础设施投资银行和联合国中，希望中国继续扮演好一个大国的角色。

当然，中芬两国民众间相互认知也存在一些消极因素。比如，近年来中国移居芬兰的老年人不断增多，有芬兰人就认为这可能会给老龄化问题本就严重的芬兰带来新的负担。

中国与白俄罗斯双向民意分析

中国和白俄罗斯的普通民众彼此关注度均不高，但互有好感，且都认为两国关系越来越密切。

一、中国人眼中的白俄罗斯

（一）普通民众：了解不算太多，但对"美景"久仰盛名

中国民众对白俄罗斯关注度不是太高。在被问及对白俄罗斯的印象时，不少受访中国民众第一反应是"旅游胜地""女生漂亮"。至于中白关系，不少人表示不太清楚，但感觉"应该还不错"。经常有人把白俄罗斯和俄罗斯混淆，认为他们是一个民族。有些关注国际问题的民众，喜欢白俄罗斯总统卢卡申科，认为卢卡申科是"像普京一样的硬汉"。

"盛产漂亮女生的旅游胜地"。2014 年，中国人气相亲节目《非诚勿扰》中，地道陕北农民小伙成功牵手白俄罗斯在华美女留学生，引起网络热议，"白俄美女"一度成为百度搜索热词。近年去白俄旅游的人数逐渐增加，游客普遍认为白俄"自然风景优美，令人印象深刻"。

中国国内媒体对白俄罗斯的报道相对较少，信息不够全面。中国主流媒体对白俄报道不多，在百度搜索关键词"白俄罗斯"，结果多为留学和旅游信息及卢卡申科的一些言论。有关白俄经济、社会状况的报道很有限。而类似"国产红旗 L5 敞篷检阅车出口白俄将作为胜利日阅兵车"等新闻引起网民评论较多。百度"白俄罗斯吧"的活跃度也不是太高。

不过，与白俄罗斯有过接触的民众普遍对白俄有好感。一是认为"欧洲之肺"名不虚传，自然环境很好。二是白俄罗斯人民素质较高，工作态度认真，尽管有时效率有点低；特别勤恳，尽管有时略显死板。三是对华较友好，有中国留学生回忆，四川汶川地震发生后，白俄学生自发组织为灾区捐款，使他们深受感动。

（二）智库精英：两国友好，相互助力

中国国内专门从事白俄罗斯研究的专家不是太多，关注白俄的多为研究俄罗斯和中东欧的学者及驻白俄的外交人员。在学者和外交官的眼里，白俄罗斯是独联体国家中少有的政治稳定、生活安定、生产发展的国家之一，白俄自上到下，对华都比较友好。

中国与白俄在全球战略竞争中互有需要。学者普遍认为，对白俄来说，中国是其在地缘政治上抗衡或抵御美欧东进战略的合作伙伴。长远来看，白俄可成为中欧贸易往来的"平台"，发展前景十分广阔。

白俄具有"宽容性"与"联盟性"的政治文化特征。白俄地处欧洲中心，为顺利地生存和发展，白俄人需要理解和吸纳各种文明，维持多方力量的平衡。"宽容性"成为白俄人价值观的基础。与宽容性相连的是"联盟性"，联盟为白俄的生存和发展带来了安全保障。

二、白俄罗斯人眼中的中国

（一）普通民众：中国人热情好客，"经济快速发展"是热词

白俄罗斯民众主要通过网络媒体获取中国信息，报道基本正面积极。《苏维埃白俄罗斯报》和《共和国报》等主流媒体涉华报道设有专栏，如"来自中国的信""来自中国的新闻"等，多为正面报道。中国经济的快速增长、国家的人才实力、2008年夏季奥运会的成功举办、太空计划的实施、宇宙飞船的发射、"一带一路"等都是白俄人讨论的话题。

白俄罗斯三分之二的纸媒为私有，对中国的负面报道也不时见诸报端。一些反对派报纸主要转载美、英、西班牙语报纸上有关中国的负面新闻，如所谓中国"缺乏民主和自由"等。

在华学习或工作的白俄罗斯人普遍表示，中国是一个十分令人

向往的地方。多数来华访问的白俄人都被中国的现代化建设所震撼，"那些在中国待过一年或几年的人十分愿意再回到这个国家"。他们对中国人的热情好客、种类丰富的美食、深厚的文化底蕴印象深刻。

（二）智库精英："白俄与中国相互信任"，"白俄与中国互利合作大有可为"

自 2006 年起白俄罗斯将对华关系确定为外交重点，智库精英对中国模式的经济、政治和社会称赞有加。对两国经济关系的评价总体积极正面。白俄专家认为，中国的党和政府坚强有力，能够保障政策的稳定和持续，"现代中国对于白俄来说是典范和权威"，白俄应学习"中国经验"。

（三）白俄总统："两国是真正的朋友"

白俄罗斯卢卡申科多次强调，中白两国政治高度互信，经济合作平等互利，社会民众真诚友好。"中国是白俄罗斯最可靠的朋友和战略伙伴，白俄罗斯对中国来说没有任何秘密"，"白俄罗斯的大门永远向中国朋友敞开"，白俄将"积极参与'一带一路'建设"。

中国与俄罗斯双向民意分析

当前，中俄关系处于历史最好时期，双向民意积极正面，不过两国民间交流和认知状况与政府间交往水平相比也仍有较大差距。

一、中国人眼中的俄罗斯

（一）对俄了解兴趣增加，对俄当代认知仍需加强

"天涯""百度贴吧"等主要网站都设有俄罗斯群组，每个群组都有数万关注者，"喝酒厉害""豪爽""霸道""排外""美女多"等为热词。《贝加尔湖畔》等俄题材的中文流行歌曲，引起中国年轻人的兴趣。中国人对蜂蜜、鱼子酱等俄食品兴趣大增。

中国媒体对俄报道存在"三多三少"的问题：关于俄政治和外交报道多，关于俄社会、经济、文化报道少；关于中俄领导人互访报道

多，对普通人生活报道少；对中俄观点一致的领域报道多，对双方分歧或有争议的地方报道少。

多数中国人对俄当代文化了解有限，还停留在苏联时期。"只知《天鹅湖》，不知俄其他芭蕾舞剧；只知《喀秋莎》等苏联时代歌曲，不知当代俄流行歌曲"。

（二） 为普京政府敢于和强权"叫板"点赞

中国民众对普京印象较好，赞赏其决断力，欣赏普京"上天架战机、入海捕鲸鱼"，摔跤、攀岩、格斗等无所不能。普京的不少言论在网络上流传甚广，如"俄罗斯国土虽大，却没有一寸是多余的"等。

许多中国人为《今日俄罗斯》等"敢于和西方对着干"的俄媒体点赞，认为《今日俄罗斯》是俄政府打造的"外宣航母"，节目新颖，对西方批判有力，让西方媒体胆战。

（三） 为中俄协作经略大国战略平衡颇感自豪

前几年俄受西方严厉打压时，大部分中国网民支持帮助俄渡过难关。因卢布大幅贬值，有更多的中国游客将俄作为旅游和购物目的地。但也有中国网民抱怨在俄旅游经历的不愉快，称小部分俄罗斯人态度比较粗鲁。

中国民众普遍认同加强中俄合作，赞同推进中俄经贸合作。2015年 3 月，国内民间智库发布的一项"'一带一路'国别投资价值排行榜",俄罗斯排到第 2 位,仅次于新加坡。

(四) 文化交流不畅造成中国人对俄当代缺乏了解

一是缺少俄文翻译名家,出版界兴趣不高。二是俄语教学在中国不断萎缩,俄语沦为"小语种"。三是国内缺少研究俄问题的优秀中青年学者。

二、俄罗斯人眼中的中国

(一)"西边不亮东边亮",中国成为俄罗斯心目中最友好的国家

全俄社会舆论研究中心 2014 年 11 月公布的一项民调结果显示,51%的民众认为中国是对俄最友好的国家,甚至超过传统盟国白俄罗斯(32%)和哈萨克斯坦(20%),73%的人认为美国是俄罗斯的敌对国家(见图 1)。俄一些专家表示,俄也是中国"可靠和稳定的后方"。

列瓦达中心在俄享有"凭良心说话的独立调查中心"的美誉。该中心 2015 年的一项民调显示,白俄罗斯和中国是俄心目中最友好的国家。而俄罗斯民众对西方持否定态度的比例达到 25 年来最高。

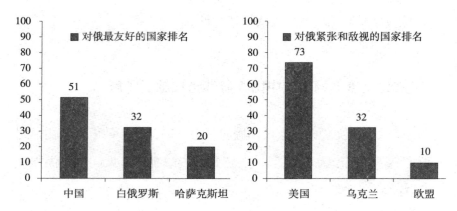

图 1　对俄最友好及紧张和敌视的国家排名

资料来源：根据全俄社会舆论研究中心研究报告整理。

（二）习近平主席威望高，中国梦包含中俄友谊

习近平主席在俄罗斯声望非常高，俄网友经常评价说习近平主席与普京总统"都坚决反腐，都是具有卓越能力的领导人"。

俄流行这样一首歌："嫁人就嫁普京这样的人"。但事实上，许多俄罗斯女青年愿意嫁给中国人。目前中俄跨国婚姻很普遍。当问起为什么嫁给中国人时，多数俄女孩会说："中国男人不酗酒、顾家、对婚姻也更忠诚。"

多数俄罗斯人对 60 年前中苏亲密无间的友谊怀念至深。俄资深中国问题专家季塔连科说："俄中友好，是历史向俄中两国给出的最聪明的答案，习近平主席提出的中国梦包含中俄永远的友谊和睦邻友好关系。"

（三）肯定中国改革成就，希不断加强与中国的合作

"2008 年北京奥运会""神舟飞船""中国制造"是俄罗斯对中国印象的关键词。不少俄罗斯人对中国的经济发展给予很高评价，"中国就像腾飞的巨龙，不断给我们带来惊喜。"

俄民意基金会调查显示，多数俄罗斯人认为中国的发展比俄更成功。不管亲政府派还是反政府阵营，都希望加强俄中合作。

（四）俄中应加强沟通协调，共促地区合作共赢

俄罗斯智库在与中方学者交流时普遍认为，丝绸之路经济带不会对欧亚经济联盟构成挑战。在中国方案中占首要地位的是基础设施建设和交通发展，而非一体化内容，但俄在有关地区的话语权和影响力可能会受到影响。俄中应加强沟通，避免在中亚地区发生利益冲突，共同把两国及两国相邻地区建设成和平、繁荣、安全、稳定之地。

中国与德国双向民意分析

一、中国人眼中的德国

中德两国经贸文化交流十分密切，"德国品牌""德国标准""德国精神"在中国广为流传。中国社会各个层面对德国的认知和了解都较为丰富，谈起德国时的态度较为积极和肯定，对德国人的印象体现为以下关键词：理性、严谨、秩序、集体主义等。

（一）从"战争发动者"到国际社会"优秀公民"

德国是两次世界大战的策源地，但在大多数中国人看来，德国能够正确地对待战争历史，其正视历史与自我反省的精神值得尊重。在反思历史这一点上，德国各党派观点一致，历届政府态度如一，主流社会的认识不断深化。勃兰特"华沙之跪"为德国谢罪，被认为是

"欧洲一千年来最强烈的谢罪表现",已经深深定格在历史中。德国谢罪并没有仅仅停留在口头上,而是见诸行动,时刻警惕新纳粹主义抬头。

在中国人看来,德国在战后是欧洲一体化的主要推动者,积极维护欧盟的团结。欧债危机以来,欧盟内部的权力结构发生重要变化,德国地位的上升成为不争的事实。中国看重德国在欧洲的地位,希望通过加强中德合作,推动中国与欧洲的共同发展。

(二)德国品牌值得信赖

德国在产品制造过程中"不相信人"。德国人有一个根深蒂固的观念:"是人都会犯错,都会有误差,特别是在生产环节,这些由人引入的负面影响经过流水线的每个环节逐级放大,必然会最终影响产品的品质。"德国人提高品质的思路非常直接,就是在生产环节尽可能把人的影响降低到最小,把每件事情都分解成机器能简单执行的动作。

德国产品给中国人留下了精益求精的印象。德国的著名品牌如西门子、奔驰、宝马、大众、拜耳、汉高、阿迪达斯等深受广大中国民众喜爱。在中国人看来,德国对于产品概念的定义堪称精确。例如,当德国汽车的油表指针一过红线,汽车便一点油都不会剩下。用中国人的话说,"其他国家制造的汽车,油表显示没有汽油了,汽车至少还能开一段距离的。德国车,没有就是没有"。

（三）德国是名副其实的"文化强国""体育强国"，德国精神令人敬佩

德国是大师云集的国度。马克思与恩格斯在中国的知名度比在德国还要高，关于他们之间的伟大友谊也被写入了中国小学课本。马克思的故乡特里尔，吸引着众多中国游客前往参观。德国的福利制度也受到中国民众的积极评价，被誉为"从摇篮到坟墓的保障"。在不少中国人看来，德国的福利制度就是资本主义制度下的社会主义元素。德国拥有众多历史悠久的世界一流名校，每年吸引着大量的中国学生。德国理工科专业深受中国学生青睐，学历学位含金量高，留学费用相对低廉，是中国学生广为推崇的"性价比最高的留学目的国"。

此外，德国在体坛上的表现也十分亮丽。德国足球巨星云集，是世界足坛出产巨星最多的国家之一，也被中国球迷称为"足坛第一豪门贵族"。德国足球队在球场上体现出顽强的团队精神令人赞叹，"德国战车"闻名于世。德国人热衷于参与体育社团，以获得专业化指导，并找到志同道合的伙伴。人们在共同的体育活动中不断培养规则意识、团队精神和专业技能等。

二、德国人眼中的中国

在德国人的心目中，中国是一个经济强、人口多的大国，但问及他们对中国印象，不少德国民众认识并不全面，经常用西方价值体系

来提出问题，如：人权、环保、知识产权、法律法规等。但在"一带一路"建设的影响下，德国人对于中国的印象正发生积极改变。

（一）"中国制造"影响逐渐扩大

随着中国商品出口的大幅度提升，德国人对中国品牌的了解逐渐增多，当前德国民众较为熟悉的主要有联想、华为、阿里巴巴、英利太阳能、青岛啤酒、海尔、小米、腾讯等科技含量高、创新能力强的企业。大多数德国人认为，中国人对于数字化创新的态度是积极的。超过六成的德国经济决策者和政治决策者认为，中国政府正在大力促进数字化创新。

中国投资者在德国表现活跃。德国联邦外贸与投资署驻华代表韩佩德表示，德国是中国投资者在欧洲的"主战场"。欧洲最大的采购物流协会——德国联邦采购与物流协会首席执行官菲尔德曼表示，尽管中国经济增长放缓，但在未来几年，中国仍将是拉动世界经济增长的"引擎"，中国产品的质量和可靠性在近10年里得到巨大提升。德国人普遍认为，中国的经济发展对德国具有重要的、积极的影响，甚至认为德中经济关系比德美经济关系更重要。

（二）"中国文化"底蕴深厚，令人着迷

中德文化交往历史源远流长，德国图书馆里经常会有各种版本的中国文化古籍的译著。德国著名汉学家卫礼贤翻译了不少中国传统文

化典籍，被季羡林先生评价为"中国在西方的精神使者"，对西方认识中国产生了深远影响。

许多德国人对中国文化近乎痴迷。不少德国人愿意参加孔子学院在德国各大城市举办的"中国文化周"活动。孔子学院用德语讲中国相声、介绍中国茶馆文化，讲解中国道家儒家传统思想，朗读中国神话故事，德国人听得津津有味。据孔子学院的老师介绍，"很多德国人因为能在'中国文化周'上买到传统的中国小吃感到开心，虽然他们手里的油条炸得有点过火，可他们还是乐于啃着油条喝着啤酒听中国故事"。

（三）媒体对华认识不足，涉华报道时有杂音

多数德国人认为，中国人热爱和平、灵活、务实。他们欢迎中国人到德国旅游学习，愿意与中国人交朋友。但依然有较多德国人表示对中国感到陌生。这在很大程度上受制于他们认识中国的媒介——德国媒体。一些德国媒体在政治、人权、环保、知识产权保护等方面对中国多有质疑。

随着中国日益强大，德国媒体对中国报道的数量不断增多。以《镜报》为代表的德国主流媒体，关注的重点逐渐聚焦中德双方经贸合作。此外，德国媒体对中国在科技和经济方面积极报道日益增多，例如：阿里巴巴成功上市被德国主流媒体竞相报道。当前虽然负面报道仍不在少数，但这一现象正随着时间的推移逐渐发生变化。

（四）"一带一路"增进德国人对华积极认知

自中国提出"一带一路"倡议以来，德国各界总体反响积极。有德国人强调，首先使用"丝绸之路（Die Seidenstrasse）"这个概念的是德国19世纪著名的地理学家和地缘政治家李希霍芬。中德两国作为世界级的制造业和出口大国恰恰分别位于丝绸之路经济带的两端。中欧货运班列始于2011年重庆与德国杜伊斯堡之间的路线。"一带一路"建设显著促进了杜伊斯堡的发展，也迅速拉动了中国对该地区的投资。杜伊斯堡所在的北威州成为中国企业在德投资最集中的地区。杜伊斯堡港首席执行官埃里希·斯塔克表示，"作为欧洲最大的内河港口，杜伊斯堡从'一带一路'中看到了重要发展契机，力争在提升物流服务附加值的同时，实现从港口和工业基地到物流中心、转口贸易区、新兴产业园区的转型"。在德国民众看来，杜伊斯堡之所以再变繁华，要归功于中国倡导的"一带一路"建设和中国作为世界最大工厂的地位。

德国有句谚语："要想发现新大陆，不能只在自己海岸边折腾。""一带一路"倡议给德国人提供了一次发现新大陆的机会。当前德国各界渐渐地倾向于把中国的崛起视为积极机遇，尤其看重中国在德国产品出口中发挥的积极作用。德国民众，尤其是青年人对"一带一路"表态更为积极，他们中有人指出，"德国有不少家族企业，拥有顶尖技术而缺乏资本。它们需要注资来实现进一步发展，资金从哪里来？中国！"

中国与波兰双向民意分析

对中国人来说，波兰是一个听起来熟悉，但了解比较有限的国家。对波兰人来说，中国是一个他们曾经疏远但如今关系越来越密切的对象。

一、中国人眼中的波兰

（一）亲密无间曾中断

波兰对中国曾产生过重大影响，康有为以波兰故步自封被列强瓜分为例，上书光绪皇帝力推变法图强；波兰诗人密茨凯维奇的作品《先人祭》激发了鲁迅"我以我血荐轩辕"的爱国情怀；"钢琴诗人"肖邦在中国耳熟能详，核物理学家居里夫人则激励中国科学家勇攀科技高峰。

共同的意识形态使中波关系一度亲密无间。波兰为中国打破美国和西方的经济封锁，给予了大量援助，从华沙牌小轿车到造船、炼钢及煤炭开采设备等数不胜数。中波两国政府合资的海运公司承运了许多运往中国的重要战略物资，而且直到现在还在运营。后由于历史原因，中波一度"分道扬镳"。

（二）重拾友好历艰难

苏东剧变后，波兰一些执政精英和民众仇俄仇共情绪浓烈，并一度迁怒于中国。波兰意识形态右倾使中波关系大幅降温。波兰一些领导人不顾中国反对，在台湾、涉藏问题上屡屡触碰中国的核心利益，引起中国人民的不满。

（三）投资环境逐步改善

近年来，中国与欧盟经济合作日渐紧密，"16+1"机制不断推进，"一带一路"倡议进展良好，中波经贸合作得到提升，中国国内赴波投资者络绎不绝。

波兰实行欧盟标准，外资进入门槛相对较高，但投资环境复杂。波兰人头脑灵活，渴望成为犹太人一样的生意天才，不少企业家渴望搭中国发展"便车"，双方合作需求不断上升。

（四）入盟成为优等生

加入欧盟和北约使波兰在欧洲的地位显著上升。2009 年以来，波兰 GDP 增长率居欧盟首位，政局稳定，失业率在欧盟平均水平之下，成为中东欧国家发展较为成功的国家。

波兰与匈牙利、捷克和斯洛伐克组成"维谢格拉德集团"，作为"新欧洲"的代表，捍卫其在欧盟的权利。波兰与美国关系良好，成为美在东欧国家的主要伙伴。波前总理图斯克还当选欧洲理事会主席，成为波国际地位提升的象征。

二、波兰人眼中的中国

（一）历史偏见依旧在

过去，波兰人民对我国了解较为片面，对社会主义国家有着较深的偏见。加之波地处俄罗斯和德国两大强邻之间，饱受欺凌的历史让波兰人对大国有着天生的恐惧和警惕。

据美皮尤研究中心 2015 年的民调显示，波对华好感度为 40%，低于对美国和日本的好感度，也低于俄罗斯（79%）、法国（50%）、英国（45%）的对华好感度。在对华好感度调查的 40 个国家中排倒数第 9 名。

（二） 务实交流促了解

尽管存在一定的偏见，但务实的波兰人十分清楚，现在不抓紧搭上中国发展这趟快车，"过了这村儿可就没这店儿了！"近年来，波积极推动波中两国各层面的交流与合作，先后在波中两国举办地方合作论坛，波航空重开北京航线，启动波"走向中国"（"Go China"）战略，鼓励波企业家到中国投资，并出资增加在哈尔滨、沈阳、广州等地的波兰语教学点。2015 年，波国家博物馆还在华举办了"来自肖邦故乡的珍宝：15—20 世纪的波兰艺术展"，吸引了许多中国民众的关注。

（三） 期待合作当"门户"

波前外长瓦什奇科夫斯基表示："新一届政府设定的主要目标是加快波兰发展。在通向这个目标的过程中，中国是我们很自然的选择，因为中国既有巨大的市场，又是全球最大的生产国。"

中国提出"一带一路"倡议后，波政府积极响应，成为中东欧国家中第一个以创始成员国身份申请加入亚投行的国家。波一些学者认为，"一带一路"倡议为提升中国对波投资提供了广阔前景。波外国投资局官员表示，欢迎中国企业的高技术投资，在当地设立生产研发中心等，波尤其希望在基础设施建设方面与中国公司合作，并愿意成为中欧合作的"门户"。

中国与捷克双向民意分析

目前，中捷关系风生水起，政府间交往热络，但两国民间交流和认知仍有很大提升空间。

一、中国人眼中的捷克

（一）关系转折前景好

生于 20 世纪中期的中国人还记得，中捷建交之初，捷方曾为新中国现代化建设提供了宝贵援助，其在河北沧州援建的"中捷友谊农场"至今运转良好。90 年代捷克开启转型进程，当时其人均收入要比中国高 5—10 倍，许多中国人涌到捷克开餐馆、"练摊"批发，1993 年在捷克的中国人一度达 2 万之多。

中捷关系虽因意识形态、涉藏、台湾、人权等问题几度出现波折，但这些似乎并没有过分影响中国民众对捷克的感情，捷克总统泽曼出席 2015 年中国人民纪念抗日战争暨反法西斯胜利 70 周年庆典，赢得了中国人民的欢迎和尊重。

（二）转型成功发展快

苏东剧变后，捷克同斯洛伐克于 1993 年分离，分别成为独立的主体国家。20 多年过去，捷克取得的发展成绩可圈可点，经济上把中东欧原社会主义国家甩在后面。

捷克推行以"大众私有化"为核心的市场改革，2006 年进入发达国家行列，许多人将此称为"捷克奇迹"。一位中国游客说："原以为捷克是一个比较落后的中东欧国家，实际上，捷克人的生活远比我们想象的更富裕，那里的城市建设、物价水平和服务能力几乎与西欧国家相差无几。"当然，捷克社会也面临腐败、外部市场萎缩、劳动力低效等问题。

（三）风格独特景点多

越来越多的中国游客将捷克作为去中东欧旅游时不可错过的一站。老城狭窄的石子路、古老的煤气灯、色彩斑斓的宗教壁画，给在喧嚣城市生活的国人带来忧伤而宁静的美感。

布拉格古老的罗马式、哥特式、文艺复兴式、巴洛克式风格的城堡和修道院等建筑，让中国游人流连忘返。作为捷克最著名和最受尊敬的品牌，斯柯达与布拉格融为一体，成为这座美丽城市的移动名片。2015 年 9 月北京布拉格之间直航开通，中捷交往越来越方便。也有中国游客强调："银联卡在捷克境内的捷克商业银行（Komercni banka）自动取款机上已经可以提取当地货币了。"

（四）文化底蕴魅力大

哈谢克的《好兵帅克》、米兰·昆德拉的《生命不能承受之轻》、卡夫卡的《变形记》、伏契克的《绞刑架下的报告》等在中国久负盛名，成为中国读者了解捷克的重要途径。

捷克的啤酒驰名于世，人口只有 1000 多万，人均消耗啤酒却占世界第一。捷克人劳作之余，最大的享受就是品啤酒论足球，这种文化似乎在中国也能引起共鸣。中国人的普遍印象是，捷克国民素质高，遵守秩序。即使在街头摆摊，打烊时也会把周围收拾得干干净净。

二、捷克人眼中的中国

（一）对华印象偏保守

经历过"天鹅绒革命"的捷克社会，对共产党执政国家有着较深的偏见。加上反华势力多年经营和受西方影响，多数捷克民众对中国的印象并不正面。美国皮尤研究中心最新民调显示，捷克对华好感度为 34%，低于对美国（58%）和俄罗斯（41%）的好感度，也低于美国（37%）、法国（42%）、波兰（43%）、英国（48%）、俄罗斯（62%）的对华态度。尽管两国政府互动较多，但"政热民冷"的局面尚无大的改观。捷克社会保守，对外来文化和民族包容性稍显不够。

（二）自信增强视野宽

华人华侨是捷克民众了解中国的主渠道，中餐则直接拉近了他们与中国的距离。和许多其他欧洲国家的中餐业不同，在捷华人走高档精致餐饮路线，强调中国元素与本地风味的完美结合。约 400 家华商高档餐厅不仅打破了舆论对中餐馆卫生差、廉价劣质的偏见，还使华人有更多机会与捷克社会精英和中产阶级交流，更快融入主流社会。

捷克著名汉学家、查理大学教授泽纳尔评价道，改革开放和经济发展让中国人民族自豪感增强的同时，思想上的包容度也明显提升。"现在中国人了解捷克远比捷克人了解中国深得多"，"我发现中国人越来越自信，他们不再只简单地赞扬外国，而是视野更开阔，能更加客观地看问题"。

（三）品牌质量在提高

在捷克的中企制造业品牌的出色表现，有效遏制了"中国威胁""劣质倾销"和排华思想在当地的传播。谈到中国制造，多数捷克民众会说:"我们不可回避地每天都在和中国发生着关系。"目前中企更注重本地化经营和品牌塑造。"袜子大王"陈乃科是中东欧第一个创建品牌的华商,他制定了严格的规格参数和工艺流程,优质产品在捷克和邻国大受欢迎。

为当地创造就业和提高技能是中企在捷克受到认可的主要原因。长虹是捷克最大的制造型中企,几年前加入长虹的捷克人兰德卡早已由职员升为经理,他说:"这里能学到先进的技能,得到足够的尊重,谁不愿意在这种蒸蒸日上的国际大公司工作?"

(四) 捷中合作机会多

2014 年捷克社民党领衔的联合政府上台,成为两国关系的转折点。捷前总理索博特卡多次表示,捷克愿积极配合"一带一路"建设,推动中国与中东欧国家以及与欧盟加强合作。捷克主流媒体也曾发表题为《建设丝绸之路的美好愿景》的社论,向民众介绍中国的"一带一路"倡议。

加强人文交流可以成为增进捷克民众对中国好感的重要途径。多数捷克民众认为,由捷中友好协会组织举办的展现中国传统民俗文化的"欢乐春节"活动是一个很好的尝试。喜欢中国文化的当地企业主拉吉斯拉夫说:"捷克前几年因为意识形态伤害了捷中两国的友好关系,很不明智。我相信,中医和中国文化会在捷克越来越受欢迎。"

中国与塞尔维亚双向民意分析

中国和塞尔维亚两国拥有深厚的传统友谊和务实的战略伙伴关系，近年来，在双方领导人的共同推动下，两国经贸合作和人文交流不断加深，民众对彼此的认知日益丰富和深入。

一、中国人眼中的塞尔维亚

（一）腹有雄心空对月

许多中国人对塞尔维亚较为陌生，但一提起"欧洲的火药桶——巴尔干半岛"，则家喻户晓，而处于导火索位置的则经常是塞尔维亚。在强国倾轧的夹缝中生存，强化了塞尔维亚人坚强的民族性格。第一次世界大战正是由塞青年刺杀奥匈帝国皇储引起。塞尔维亚是一个盛产英雄的国度。塞尔维亚的任何一座城市都可以见到英雄雕像，纪念那些不畏强敌，顽强抵抗的英雄。英雄城市贝尔格莱德经历过 115 次战争，40 次被不同的军队占领，38 次从废墟里再建重生。南斯拉夫的缔造者铁托被毛泽东赞赏为"铁托是铁"。刚强的民族精神，成就了当年以塞尔维亚为主体的南斯拉夫的国际地位。英雄的塞尔维亚人民，抗击了北约 78 天的野蛮轰炸，塞尔维亚飞行员驾单机以死相拼的战例更是让中国人民潸然泪下。当年，中国广大民众每天都在电视机前为塞尔维亚遭受的苦难而感到悲痛和愤恨。几年前，大批难民持续不断涌入塞尔维亚，在这里过境或滞留，贝尔格莱德也成了难民集散中心。塞尔维亚人民和政府力所能及提供医疗和住宿，确保他们有尊严地离开塞境。

（二）国家定位游移纠结

塞尔维亚被誉为东方与西方的十字路口。由于塞地处东西两大强邻中间，东有远亲俄罗斯，西有近邻欧洲，国家定位常常无所适从，亲俄派与亲欧派在塞长期纠斗。近年来，因塞经济不景气，且欧盟危机缠身魅力下滑，塞疑欧情绪上升。许多人认为塞应保持与俄罗斯的传统友好关系。

（三）体育强国续写传奇

南斯拉夫曾有国际象棋大师 100 多名，名列世界第二。南篮球队是一支世界劲旅，在奥运会和欧洲赛事有过多次夺金的骄人成绩。

南足球队素有"欧洲巴西"的雅号。传奇教练米卢曾率中国足球队首次闯入世界杯决赛圈，他常说的"态度决定一切"也响彻大江南北。2007—2012 年间，风华正茂的"网坛三奇"——伊万诺维奇、扬科维奇和德约科维奇，让一度热衷足球和篮球的塞民众把目光锁定网球。"三奇"领军的塞网球运动员从 2007 年起在世界网坛大放异彩，让全世界领略了"塞尔维亚力量"，对这个饱受战争创伤的国家刮目相看。而更为传奇的是，他们个个都有着催人泪下和催人奋进的经历。要知道，1999 年北约轰炸南联盟时，德约科维奇发誓要通过网球改变命运。2016 年奥运会上跟中国女排在决赛中相遇的就是顽强的塞尔维亚女排。中国网友称塞这个 720 万人口的国家在奥运会三大球上"死磕中美，刷足了存在感"。这也难怪，塞 56% 的国民是体育爱好者，每个居民小区附近步行不出 15 分钟就有体育运动场所，且绝大部分免费开放。对体育的酷爱也反映了塞尔维亚人积极健康的生活态度。

（四）人文自然魅力无穷

塞尔维亚被认为是欧洲生态保护最完整的地方，污染极少，空气清新。境内多瑙河近 600 公里，塞城堡、王宫、教堂、名人纪念地等名胜古迹灿若群星，葡萄园、林场、草场、山峰、峡谷、湖泊错落有致，自然风光如诗如画。塞尔维亚是一个低调的明珠，是一个慢生活、低物价的国度，是一个适合"穷游"的国家。国际权威旅游指南《孤独星球》（*Lonely Planet*）公布了 2015 年十大最佳旅游目的地国家名单，塞名列第七。美一家旅游杂志也把塞评为最值得去的 15 个国家之一。大名鼎鼎的卡莱梅格丹城堡、圣萨瓦大教堂、彼得罗瓦拉丁军事要塞、欧洲最长最大的河流峡谷——德耶达普峡谷，这些都是令中国游客心驰神往的地方。塞尔维亚人亲切、热情、友善、开朗、文明，这也使得塞成为一个十分安全的旅游目的地。据说塞的弗尔尼亚奇卡镇还是爱情锁发源地，现在这里有数不胜数的爱情锁挂在至爱桥上。锁上刻有恋人的姓名，钥匙则被抛掉，以此象征爱情牢不可破。凭借多样的地貌、丰富的历史文化遗产和人民的热情好客，塞正成为欧洲新兴旅游胜地。2017 年 1 月 15 日起，塞尔维亚正式对中国公民实施免签。中国公民持普通护照到塞尔维亚旅游、经商或探亲，可以免签停留 30 天。塞是欧洲第一个真正对华免签的国家，且塞对华免签含金量很高，没有附加条件。这对崇尚"说走就走"的中国游客绝对是个好消息。心急的旅友们已经跃跃欲试要用自驾游来开启"免签后的欧洲后花园之旅"了。

（五）坚定站在中国一边

在中东欧地区，塞尔维亚是中国的首个全面战略伙伴。塞尔维亚学者真心表示，塞尔维亚人民将永远铭记中国当年为声援和支持塞尔维亚抗拒北约所作出的牺牲。武契奇总统曾表示："有人企图在塞尔维亚做对中国不利的事，我们绝不允许。你可以攻击我们，但不要攻击我们的朋友。"这番"够哥们儿"的话语可谓塞尔维亚对中国真心友好的集中体现。塞尔维亚许多主流研究机构的学者也都在不同的场合表示，塞的可靠合作伙伴唯有中国和俄罗斯，"一带一路"倡议是互联互通思想的典型实践。塞在"16+1"机制中的坚定态度和积极表现更是令人鼓舞。

二、塞尔维亚人眼中的中国

（一）度尽劫波亲如兄弟

中南两国因苏联因素而几经波折，20 世纪 70 年代末才走向正常。但今天塞民众提起中国，最直接的反应仍是"同志般的友谊"。走在贝尔格莱德街头，商贩看到中国人，会拿起铁托头像纪念品吆喝："铁托，铁托，毛泽东的朋友！他们都是伟大的英雄！"长居北京的塞尔维亚人布格丹诺维奇认为，两国友谊之所以如此牢固，一个重要的原因是"相互尊重"。塞民众对中国在北约轰炸南联盟时给予的坚定支持尤为感激，塞政府在中国被炸馆舍旧址的标识牌上写着："谨此感谢中华人民共和国在塞尔维亚共和国人民最困难的时刻给予的支持和友谊，并谨此缅怀罹难烈士。"

（二）英雄大片激发共鸣

电影《瓦尔特保卫萨拉热窝》在 20 世纪 70 年代的中国曾风靡一时，感动了亿万中国观众，许多人看了又看，能绘声绘色地脱口说出其中的经典对白:"空气在颤抖,仿佛天空在燃烧"和"看,这座城市,它,就是瓦尔特"。该片是 20 世纪 70 年代中国观众最喜欢的外国电影,瓦尔特是当年最帅的英雄。主人公瓦尔特的扮演者巴塔·日沃伊诺维奇 2016 年在贝尔格莱德逝世,触动了广大中国观众伤感的神经。日沃伊诺维奇出演的另一部经典影片是《桥》。在 20 世纪 80 年代,《桥》的主题歌《啊,朋友再见》在中国的大街小巷随处都可听见,直到今天也是很多年长者耳熟能详的歌曲。这两部电影就像来自塞尔维亚的阳光,把振奋和乐观传播给中国观众。瓦尔特的扮演者日沃伊诺维奇对中国人的热情友善印象深刻:"第一次到上海,几乎上百万人走上街头看我,让我很开心,有种回家的感觉。"他是中国人最熟悉的塞尔维亚人,是中国老百姓心中正能量十足的国民偶像,其逝世触动了广大中国观众伤感的神经。

(三) 虚心学习迅猛发展

塞汉学家德拉加娜·库博达舒蒂奇的最深感受是,中国一直虚心学习其他国家的发展经验。她说:"第一次到北京时,机场公路两旁有一些标语,其中一条写着'向南斯拉夫学习',我觉得特别骄傲。"她亲眼目睹了改革开放给中国带来的喜人变化:30 多年间,中国迅猛发展,交通和通信的快速与便捷尤其让世界惊讶,物质产品的丰富也让凭粮、布票购买成为历史。中国人的文化生活发生了很大改变,人们的精神面貌也焕然一新。她由衷地说:"我喜欢住在这里。过去中国人都穿一样的衣服,街上永远只能看到一种颜色,而现在他们追求个性与时尚。我更喜欢现在这个多姿多彩的中国。"

（四）文化丰富令人迷恋

塞民众对中国历史文化颇感兴趣。长城、筷子、汉字、民族舞、美食、丝绸、诸子百家等是经常被提到的历史文化符号。玛丽娜·波波维奇 20 世纪 80 年代曾在北京大学留学，创办了中国文化传播机构"东方之家"。她说："中国的历史文化、风土人情、友好善良让人难以忘怀。我毕业时为能'多在中国待会儿'而选择乘火车，因为这样可以'慢慢地走'。"她一年要过 3 次新年，其中一个就是中国春节。"东方之家"已连续 27 年举办"春晚"，学生们故意把《爱我中华》歌词中"五十六个民族"改为"五十七个民族"，"这第五十七个民族就是我们这些热爱中国的塞尔维亚一族。"

（五）"一带一路"助力发展

南联盟前外长、贝尔格莱德世界公平论坛主席约瓦诺维奇多次访华，他表示，习近平主席 2016 年访塞时将两国关系提升为"全面战略伙伴关系"，这是两国关系史上的又一里程碑，将推动双方各领域合作全面提速。塞民众对"一带一路"倡议热情极高。2014 年中国企业承建的"泽蒙博尔察"大桥建成通车，结束了贝尔格莱德 70 年来只有一座大桥的历史。大桥竣工剪彩仪式上，塞 2 万多民众高呼"中国人万岁！"不少民众表示，这座桥是"中国在欧洲打造的一大名片",是塞土地上的"中国地标",武契奇则称该桥为"中塞友谊之桥"。塞民众对中资收购斯梅代雷沃钢厂、计划承建第二座跨多瑙河大桥、跨萨瓦河大桥和科斯托拉茨新热电厂充满期待,认为"中国公司已经在多瑙河这一欧洲战略性水路上扎根了"。

在塞尔维亚,不仅是语言学院和语言中学有汉语教学课程,非语言中学也开始了汉语教学尝试。塞尔维亚青少年将在启动汉语教学试点的 100 多所中小学里学习中文。汉语班学员斯拉加娜说,尽管汉语的声调让学生们感到难把握,但学好汉语是学生们的渴望,因为汉语能让他们深入了解中国文化和中国人的智慧。

总之,塞尔维亚和中国有着一些相似的历史遭遇,两国人民惺惺相惜,真心相互尊重,这种感情不是用金钱可以衡量的。中国人觉得塞尔维亚充满了神秘感,塞尔维亚人更是真诚地热爱中国。在"一带一路"建设大力推进的大背景下,中塞两国有着广阔的合作空间,两国人民的心会更加向对方敞开,这种情感所蕴含的各方面的积极潜力可谓取之不尽、用之不竭的宝贵财富。

中国与英国双向民意分析

中英两国都拥有悠久的历史和影响深远的文化，两国关系早已超越了双边关系的范畴，具有重要的历史意义和国际影响。

一、中国人眼中的英国

（一）擅长战略平衡术的老牌帝国

在大部分中国人看来，英国人特别擅长战略谋划。近代以来，英国作为海洋霸主和殖民霸主，熟练开展"均势外交"，在与欧洲大陆大国博弈中，经常扮演"离岸平衡手"角色，且往往都是最终获益者，打造了"日不落帝国"的庞大殖民体系。第二次世界大战以来，英国对华关系经常根据国际总体战略环境和中国实力进行调整，在总体"追随美国"的同时不忘自身的独立立场和策略。历史上，英国长期在东亚殖民,在其离开时留下的"杜兰线""麦克马洪线"等给相关国家领土边界划分留下很多遗留问题。而新中国成立后,英国在1950年1月即宣布承认新中国,又是西方大国中最早承认新中国的,其战略眼光可见一斑。

许多中国民众认为,香港回归中国前后,英国又故意埋下了一些隐患。在香港"占中"等问题上,英国也是明里暗里插手。而中国倡导成立亚投行过程中,英国积极响应,顶住美国压力,在西方国家中率先表态加入,又展示了其战略判断的深厚功力。"没有永远的朋友,只有永恒的利益"这句话源自英国人,也是英国外交哲学的生动写照。

(二) 保守、讲究、严谨,但有时也蛮"疯狂"

近年来,随着中英两国民间交流日益深入,英国人在中国人眼中不再是单纯"礼服+拐杖+雨伞"的传统形象,而是正变得日益丰富、立体和多元。在西方人中,英国人经常被认为比较保守、严谨。英国人穿着入时,西装、风衣点缀的大街简直就是一场"全城服装秀";英国人酷爱读书,地铁、火车、公交、车站等,随时随地看书读报已是全民习惯;英国人热爱运动,从早到晚、大街小巷、城里乡间,都能看到"全副武装"的人跑步锻炼;英国人注重礼仪,宴会、服饰、商务、旅游、喜丧等各类礼仪繁杂,饮食更是"礼多于吃",饭菜并不美味,似乎总是鱼和薯条,但着装打扮、用餐流程、言谈举止却极为考究。

不过,有时候英国人也挺"出格":夏天的时候,经常会看到英国年轻人提酒瓶赤脚上火车，从一个城市的酒吧跑到另个一城市的酒吧，找友人开怀畅饮；英国的足球流氓恶名远扬，其制造的骚乱常常导致人员伤亡。不仅百姓如此，前外长鲍里斯·约翰逊在做伦敦市长时更是特立独行、行事怪诞。中国网友表示，他似乎永远穿不好西装、打不好领带，但却很受市民欢迎。

此外，英国皇室逸闻也常成为中国人的饭后谈资。远有温莎公爵"不爱江山爱美人"，近有伊丽莎白二世 92 岁依然在位、查尔斯"王储"被废、戴安娜王妃遭遇车祸背后的各种传言、凯特王妃婚纱的"淘宝同款"，等等，不一而足。在中国人看来，皇室虽只是"象征性"地代表英国最高权力，但在精神和价值观层面，依然是英国人乃至英联邦国家民众的"共主"，某种程度上对其他盎格鲁－撒克逊国家也有影响。

（三）文化教育底蕴深厚，对中国影响深远

多数中国人认为，英国文化独具魅力，是"文学和戏剧的国度"。在中国，《哈姆雷特》《鲁滨逊漂流记》《雾都孤儿》《简·爱》《傲慢与偏见》等文学作品广为人知，莎士比亚、狄更斯等文豪家喻户晓。中国人亲切地称莎士比亚为"莎翁"，那句著名的"生存还是毁灭，这是一个值得考虑的问题"经常被人们提及，有时调侃、有时深沉、有时洒脱。英国也是一个思想家辈出的地方。斯密、李嘉图、霍布斯、洛克、休谟、斯宾塞、罗素、维特根斯坦的思想极具历史穿透力，是知识分子学术研讨及茶余饭后经常提起的名字。

大多中国人都非常认可英国高等教育的水平，很多大学场景为国人所熟悉。牛津大学不仅是世界名校，也是电影《哈利·波特》和《爱丽丝梦游仙境》的拍摄地。剑桥大学更是因为《再别康桥》而在中国家喻户晓。在《再别康桥》诞生80周年之际，剑桥大学国王学院在剑河河畔专门为徐志摩立下了大理石诗碑。国王学院称，这块白色大理石的质地与北京紫禁城内大理石完全一样，"中国留学生都知道这首诗并被深深打动，它架起了中国和剑桥之间的桥梁。"诗碑上没有英文，似乎专为懂中文的人而立，吸引了众多中国学子和游客流连驻足。

很多中国人还熟知英国广播公司（BBC），这曾是他们学习英语和了解外部世界的重要渠道之一。目前其节目录音仍是众多英语学习网站音频资料的重要来源。不过，民众也逐渐意识到，BBC对中国报道中总带着些"傲慢"与"偏见"。中国网友评论BBC制作播出的《中国的秘密》，感觉是"记者一直在努力下套"，"BBC不是来探求真相的，而是带着结论过来的"，"BBC纪录片与其说在记录世界，不如说限定了观众观察世界的视角"。

（四）脱欧令人意外，但也在情理之中

英国脱欧公投结果让全世界惊讶。有中国学者表示，放在历史长河来看，英国的这一选择再次显示了其"实利外交""均势外交""离岸平衡外交"的战略传统。脱欧后的英国不会走向封闭和鼓励，反而会更加注重开展全球层面的外交，会从原来基于美英特殊关系、英联

邦国家、联合起来的欧洲三大基础的"三环外交"拓展为更为重视新兴市场和发展中国家的"四环外交"。综合来看，英国在战略、经济、外交等层面与中国合作的意愿进一步上升，愿积极参与"一带一路"建设。

二、英国人眼中的中国

（一）在欧洲国家中对华好感度高

美国民调公司皮尤研究中心公布的一份世界各国对中国"好感度"调查评估结果显示，在欧洲，英国人对中国持好感的比例为57%，德国和法国的比例分别是51%和47%。值得注意的是，英国年轻人对中国的态度更趋正面。

有英国学者固执地认为，中国没有西式民主，治理体系是不可持续的，中国最终将被迫采取西式政治体系。而畅销书《当中国统治世界》作者马丁·雅克则认为，"实际上，中国政府自1978年以来一直在进行大规模和持久的改革，这场改革远比美国或英国发生的改革要伟大。"

（二）喜欢通过读书"探寻中国对未来的愿景"

英国民调机构舆观（YouGov）前两年进行过一项全球最受赞赏

人物排名。在全球最受赞赏的男性中，习近平主席与比尔·盖茨、奥巴马同居前三。英网友认为，外界对习近平主席评价高，社会也普遍尊敬他。这表明，"在习近平带领下，中国这个快速发展的国家在全球舞台上的地位正在迅速上升"。

《习近平谈治国理政》（英文版）出版后，来自雷丁中学的退休教师基思·贝克是第一批英国读者，他说，"这本书信息丰富"，"显然，习主席花了多年时间分析和思考如何最好地应对中国的各种问题和巨大机遇，是一位有前瞻性的领导人"。英国《泰晤士报》记者利奥·刘易斯写道："任何在中国做生意的西方公司高层也许都应跟'脸书'创始人扎克伯格一样，认真翻阅了这本书，谁没好好翻一翻此书，那才真正令人惊诧。"

（三）中国传统文化优雅有趣，中医越来越受到英国各界的欢迎

"中国人没有宗教"，这是 200 年前英国公使马戛尔尼对当时中国人的评价，多年来一直影响着英国人对中国印象。而很多来过中国的英国人认为，中国的传统文化非常优雅有趣，中餐对外国人有着不可抵挡的诱惑力。中国很现代，中国人看起来都很友善，而且很富裕，都忙忙碌碌的，不像英国，一切好像都是旧旧的，死气沉沉。但也认为，中国城市规划很多时候破坏了原有格局，历史建筑被高楼大厦湮没了，"兵马俑周围的商业区域是景区的几倍之大，商业开发显然过度"。

中医逐渐被皇室成员、名人、明星认可，并受到越来越多普通民

众的欢迎。针灸已被英国医学会认可，许多英国医生呼吁将它纳入英国国家卫生服务体系。有人认为戴安娜王妃起初就是因中医而对中国产生了浓厚兴趣。曾有位英国皮肤湿疹患者，西医无法治疗，伦敦中医大夫罗鼎辉用中药医治后，患者竟然奇迹般地痊愈了。《泰晤士报》和英国广播公司等媒体广泛报道了此事。李约瑟教授在写作《中国科学技术史》时，也曾请上海医科大学教授马伯英协助修改医学部分。

（四）茶叶可以引起战争，亦可成为英中友好的见证

茶是联系近现代英中两国关系的纽带。英国人早在 18 世纪就嗜茶如命，而当时中国茶叶占世界市场的 90%。当年英国试图以毛纺织品换茶叶，但由于中国人大多用土布，致使英长期存在贸易逆差，最后英国人通过鸦片和战争来强行解决。有英国学者认为，从世界贸易史的角度看，"鸦片战争"应该叫作"茶叶战争"。下午茶文化是英传统的精华所在。2014 年李克强总理访英期间，英方特地安排卡梅伦夫妇与李克强夫妇茶叙。这一环节被认为是英中关系自 2012 年达赖窜访后重回友好合作轨道的标志。

（五）愿积极参与"一带一路"框架下的相关合作

英国加入亚投行后，越来越多的英国人认为，以茶和丝绸为主的古丝绸之路在新世纪将会焕发新的活力，两国可以在"一带一路"建设中共同提升竞争力。英国脱欧公投后更为重视对华关系，愿更积极

地参与"一带一路"建设。英国 48 家集团俱乐部主席斯蒂芬·佩里表示,"一带一路"将带动陆海平衡发展,其中蕴藏着巨大商机,英国脱欧后不想失去全球金融中心地位,愿抓住"一带一路"的重要机遇,与中方深入开展金融合作。英中贸易协会成员、奥雅纳工程咨询(上海)有限公司董事毕彼德表示,"一带一路"以基础设施和产能合作为切入点,将推动沿线国家深化全方位经济合作,英中经贸合作是英中关系的"压舱石",英国企业应成为"一带一路"建设的重要参与力量。剑桥大学中国问题专家彼得·诺兰表示,英国对"一带一路"沿线许多国家的历史、种族、宗教、文化、习俗等非常了解,甚至是大量历史遗留问题的"制造者",拥有众多国别问题专家,可在"一带一路"建设中帮助塑造"软环境",这是其他国家所不具备的。

中国与瑞士双向民意分析

在中国人的眼里，瑞士是一个方方面面透着精彩的内陆中立国，在经济、社会、人文、国际金融、与国际组织交往、外交斡旋等方面有许多可圈可点之处。瑞士各界对于中国的发展和影响越来越重视。

一、中国人眼中的瑞士

瑞士是一个矿产资源极度匮乏的国家，而在人文和社会各种指数中的排名经常位居榜首。对瑞士的浓厚兴趣让中国人认识到，瑞士的国家形象和国民精神是密不可分的。

（一）蓄势缓释、不懈努力的发条精神

一位多年研究瑞士的中国学者感悟到：瑞士的发明和创制源于发

条技术。的确，发条拧紧后会积蓄能量，慢慢释放出来会驱动齿轮和指针等运行装置。瑞士人就像上足了劲的发条一样，积极进取，持之以恒。在欧洲国家中，瑞士人是最勤劳的，周平均工时超过 42 小时，有的行业甚至高达 45—50 小时。凭着发条的"一根筋"精神，瑞士人执着于机械表的工艺改进和功能升级，成就了瑞士"机械腕表王国"的美誉。同样也是蓄势缓释的发条精神，养成了瑞士人"有钱慢慢花"的习惯，财富得以广泛积蓄于民众之中，推动了瑞士经济的持续增长。悄然发力的发条精神，恰好契合了瑞士人喜欢宁静、恪守简朴、不张扬、守规矩的特点。去过瑞士的中国人，都格外佩服瑞士人按时作息、不炫富、做事有板有眼，有国人甚至戏称瑞士人为"欧洲农民"。

（二）严谨执着、精益求精的工匠精神

瑞士工匠在机械表领域数百年执着求进，而工匠精神在其他行业也是代代相承。瑞士在巧克力、咖啡、奶粉、鲜牛奶、调料、制药、化妆品、医疗器械、电梯、军工等各个领域都有世界闻名的大品牌，这也是工匠精神的具体体现。瑞士某品牌掌门人的一席话生动诠释了瑞士人那种深入骨髓的工匠精神："在品牌精神上，我们永不妥协，不能因为急功近利而让百年传承毁于旦夕。产品和品牌唯有经得起时间的检验，才能稳步前行。"中国在相关行业的专业人士逐渐认识到，正是由于锲而不舍、精益求精、慢工出细活的工匠精神，"瑞士制造"才得以在各领域一直保持强劲，成为"高端、优质、值得信赖"的代

名词。

（三）以一当十、坚韧不拔的军刀精神

瑞士军刀以其做工精致、钢口硬、功能强备受中国人青睐，也早已在中国成为家喻户晓的瑞士形象代言者。瑞士军刀恰好跟瑞士"小而强"的国家特色相吻合，同时也象征军人荣誉。瑞士200多年幸免战火，原因之一就在于瑞士人全民皆兵，随时准备打仗。瑞士不设常备军，只有一支常设的"教官队伍"，但在48小时之内就可以动员几十万训练有素的士兵，另外还有几十万民防志愿军。每个周末，瑞士大大小小3000个射击场里都有国民练习军事技能。地下军事设施遍布瑞士山区，把条条山岭变成了"挖空的奶酪"，瑞士全国97%的人口可以在24小时之内进入掩体。所有这些都大大加强了瑞士国防的坚韧度。瑞士还将进一步精简武装力量，更大程度地寓兵于民，真正做到"招之即来，来之能战"。瑞士这种"精、强、韧"的军刀精神使得潜在入侵者都"不敢碰这个硬"。

（四）不畏严酷、凌寒独秀的雪绒花精神

雪绒花是瑞士的国花，瑞士人称之为"阿尔卑斯之星"，瑞士有商家用雪绒花来命名航空公司、化妆品、巧克力和酒店，足见雪绒花在瑞士人心目中的位置。凌寒独秀的雪绒花生长在条件艰苦的高山岩石缝隙，被瑞士人视为本民族的象征。的确，瑞士的自然条件谈不上

优越,"拼资源"的话早就输定了。但瑞士人没有让多山的自然环境成为发展路上的障碍,反而化不利为优势,治理出了被称作"世界花园"的国家。去过瑞士的很多中国人称赞瑞士"美得像个童话",慨叹瑞士是"一步一景"。深入研究瑞士的中国学者表示,几百年来,瑞士人就像挺住风雪耐心绽放的雪绒花一样,自信地恪守着简单、自然的生活方式和舒缓的节奏,精心创造着属于自己的那份精彩。

近年来,瑞士种族歧视和排外情绪有所抬头,贫富差距日渐拉大。一位在瑞士多年的记者因此把瑞士比作"五味杂陈的大拌菜"。

二、瑞士人眼中的中国

在瑞士各界人士的眼里,中国是一个越来越值得高度重视的国家,中国的综合国力正迅速提升,在世界经济和国际政治领域的影响力正逐渐显现。瑞士各界期待不断扩大与中国合作的同时,也有人对中国影响力表示担忧。

(一)政界重视对华关系

瑞士议会联邦院议长孔特表示,瑞士高度重视对华关系,期待加强瑞中在政府、政党、议会、地方各层面的交流。瑞士政界赞赏中国提出的"创新、协调、绿色、开放、共享"的发展理念,钦佩中国在生态保护、削减贫困方面付出的巨大努力,希望双方加强创新领域合作，不断丰富中瑞创新战略伙伴关系的内涵。正是在这样的大背景下，在涉藏问题上，瑞士的态度和政策都出现重大转变。瑞士联邦移民事务秘书处于 2016 年颁布新规，明确要求在瑞士的所谓"流亡藏人"必须到中国使馆办理相关手续，其身份证上必须标注"中国公民"。

（二）各界看好"一带一路"

中国是瑞士最重要的贸易伙伴之一和瑞士在亚洲的最大出口目的地。2014 年生效的中国与瑞士的自由贸易协定是中国与欧洲大陆国家达成的首个自贸协定。目前，瑞士企业在华投资已超过 20 亿美元。瑞士前外长迪迪尔·布尔克哈尔德明确表示支持"一带一路"倡议，认为中瑞两国在环保、污染治理、减灾等方面已进行的良好合作，有助于未来"一带一路"项目的顺利展开。瑞士国家电视台主持人文洛嘉表示，瑞士人比较关注"一带一路"如何落地、具体项目怎样运行、当地人如何参与到项目中。瑞士信贷一份报告指出，"一带一路"将成为亚洲经济增长的主要动力，2017 年与"一带一路"相关的基础设施建设投资将为亚洲经济增长贡献 1.5 个百分点。瑞士工商界坚信"一带一路"将给瑞士企业带来巨大商机，随着中国城镇化飞速发展和中产阶层逐渐壮大，大部分瑞士中小企业看好以中国为主体的亚太地区市场。

（三）喜欢网购中国商品

瑞士信息网站的调查显示，在瑞士顾客看来，中国购物网站上的商品选择极为丰富，而且有着无可比拟的价格优势。越来越多的瑞士人喜欢在网上购买中国商品，"挣瑞士钱，付中国价"的消费方式正在瑞士悄然流行。一家瑞士信用卡公司透露，2015 年前十个月内在淘宝上有 5 万笔瑞士人的购物交易。据瑞士一家信息网站公布的数据，近年来自中国的包裹每年以两位数增长。尽管目前瑞士人网购中国商品在质量、信誉、服务水平等方面遇到一些问题，但瑞士电子商务界人士认为，用不了几年，中国网购平台的"实力和专业化程度会显著增强，这会让瑞士网购平台在某些细分市场上面临严重威胁"。

（四）关注中国世界影响

中国的政治经济影响是瑞士各界热议的话题。瑞士经济联合会首席经济学家鲁道夫·明希认为："作为经济大国的中国，将在世界舞台上获得越来越重要的政治地位。"瑞士联邦情报局最近一份报告称，对中国日益增长的经济依赖会给瑞士带来安全风险。瑞士中国问题专家戴凡·奥恒则认为，尽管一些瑞士大型企业被中国企业并购，但中方没有直接参与这些企业的工业设计和生产，且中国在瑞士投资额还很小。瑞士《奥尔滕日报》多次报道在瑞士举办的中国艺术展，该报主编建议中国加强与瑞士的民心相通工作，尤其是要培养能直接用德语讲中国故事的中国民间外交人士，用瑞士民众喜闻乐见的方式，讲好中瑞友好的鲜活故事，这有助于减少瑞士人对现代中国的陌生感，扭转瑞士民众对华的误解与偏见。

非　洲

中国与埃及双向民意分析

中国和埃及同是文明古国，历史交往源远流长。"一带一路"正成为两国加强合作的纽带，助推各自实现梦想。

一、中国人眼中的埃及

（一）历史悠久文物多

埃及被誉为"大地之母"，又被称作"尼罗河的赠礼"。古埃及人在尼罗河畔造就了高度发达的农业、科技和商业文明。威严的法老、神秘的木乃伊、绮丽的尼罗河、古老的象形文字，万种风情的肚皮舞和异域风情，赋予了埃及无比巨大的吸引力。"未见过开罗的人就未见过世界"，《天方夜谭》的描述让未去过埃及的中国人心驰神往。

如埃及谚语所说,"人类惧怕时间,而时间惧怕金字塔"。在永恒的金字塔面前,时间似乎失去了它原有的杀伤力。被称作"斯芬克斯"的狮身人面像,由谁建造,被谁毁容,至今是未解之谜。著名的阿斯旺大坝像空中花园悬架在尼罗河上。埃及有极为严格的文物保护法。即使在局势动荡时期,埃及人民也自发组织起来保护博物馆等机构,防止珍贵文物遭到破坏。

(二) 政权更迭治安差

2011年"颜色革命"后,埃及社会治安状况恶化,犯罪行为频发。开罗机场大厅也曾挤满了迫切想要离开的人,常为一张离境机票争得面红耳赤。根据埃及内政部的数据,谋杀案是革命前的3倍。针对华人的谋杀、绑架、抢劫、盗窃时有发生。由于动乱,6岁的中国男孩小米乐随曾在埃及工作的父母回国后,每每听到窗外喧闹声还会紧张地问,"这不会是又要暴乱了吧?"

民意分裂、游行示威、暴力冲突让埃及饱尝"街头政治"的苦果。经济衰退,失业率高企,民众对革命和现状感到失望。如今,抗议示威已不再是街头主流,穆巴拉克和穆尔西的命运也淡出了舆论焦点。在这个贫困率仍有40%的国家,"生命不受威胁,买到便宜大饼",才是百姓更关心的话题。"别把恐怖主义留给下一代",也成了摆在塞西政府面前的主要任务。

（三）男权盛行习俗多

埃及仍是一个大男子主义盛行的国家。据报道，一个名叫阿布达乌赫的女子年轻时丈夫意外过世，为养家被迫女扮男装工作 43 年。埃及女性被骚扰事件时有发生。埃及互联网上流行着一句广告语："面纱保护你，避开非礼的目光。"

埃及受历史宗教因素影响，形成了独特的生活习惯。日落后家人要共进晚餐，谈生意是失礼的。吃饭要用右手抓食。正式用餐忌讳交谈，否则被认为是对神的亵渎。埃及人认为，穷人整天总是穿针引线，缝缝补补。每天下午 3—5 点天神要亲自体察民情，越穷的人所得的赏赐就越少。为免于窘困终身，这个时候决不卖针，已成为生活中一条不成文的戒律。

（四）革命过后"向东看"

埃及曾被称为阿拉伯世界的"领头羊"，但现在已风光不再。新开通的运河实现了双向通航，通行时间比原来缩短了 8 小时，使埃及国际影响有所提高。塞西总统说，新运河是"埃及献给世界的厚礼"，纽约时报广场也打出"埃及新运河推动世界经济"的广告语。

由于美国中断援助，埃及新政府庞大的基建计划正面临"资金荒"。很少出国的塞西总统上任六个月就带着 7 个部长不远万里敲中国的门。国内多数学者认为，正如"古老的长城与金字塔不仅互相眺望，而且还可互联互通"，埃及加强经济建设的"东向"发展理念与中国提出的"一带一路"倡议完全有条件实现对接和互通。

二、埃及人眼中的中国

(一) 对华好感超美俄

美国皮尤研究中心一项民调显示:埃及对中国好感度为 46%,高于对美国 (10%)、俄罗斯 (24%) 和伊朗 (16%) 好感度。值得注意的是,埃及对美好感度降至十年来最低,而对华好感度较上年还提高了 1 个百分点。埃及年轻一代对中国充满好感和向往,认为中国已取代欧美成为他们心目中的"超级明星"。

很多埃及人认为,2011 年发生动荡后,中国的企业和投资给他们创造了就业机会。苏伊士经贸合作区是两国开展产能合作的典范。在这里工作的米歇尔·萨米说:"只要到合作区看看,就会知道中国给埃带来的变化和发展。"在中国泰达公司工作的埃及青年大成说:"在这里的每一天都有新的收获。我能更好、更快地从中国同事身上学到优良品质,不断更新自己的知识储备。"

(二) 神灯里面出巨人

在埃及人眼里,中国是《天方夜谭》里那个擦一擦油灯就会出现的巨人,会送来你想要的一切东西。中国又像一首歌,是一个可以找到智慧的遥远国度。目前埃及对中国最大的疑问是：同为文明古国，为什么中国能创造出增长奇迹？

如今埃及电视新闻里几乎每天都报道中国的事情，埃及大街小巷随处可见奇瑞、吉利等中国品牌汽车，许多日用品早已是"中国制造"，就像在街头散步的女子所说的，"每个斋月我都会去中国商人那里，询问祈祷毯、灯笼等这些原本我们生产的东西的价格"。

（三）情有独钟古文明

开罗中国文化中心是中国在阿拉伯世界设立的第一个文化中心，目前其汉语、武术教学等品牌拥有大批埃及"粉丝"。埃及著名的艾因·夏姆斯大学的中文系炙手可热，学生远超英文系，"学习中文意味着更容易找到好工作"。2015年春节，开罗买阿迪公园举办中国特色大庙会，放风筝、木偶剧、捏糖人以及神奇的变脸等都让埃及人体会到了中华文化的魅力。

越来越多的中国人愿意到埃及旅游，目前埃及已有1000多名能说中文的导游，但仍然无法满足需求。当地中文导游萨拉赫说："欧美人如今认为埃及是个危险国度，但中国人不这么想。"中国游客对文化旅游情有独钟，更喜欢把时间花在欣赏金字塔和国王谷等文化古迹上。

（四）埃中合作机会多

2014年塞西总统访华在埃及引发强烈反响，两国关系、互利合作成为媒体跟踪报道和民众广泛议论的话题。阿拉伯电视台称,"塞西聪明地重新点燃了埃及与中国的关系"。埃学者还专门举办了"塞西总统访华成果期待与展望"专题研讨会,认为正在政治转型和经济复苏的埃及需要中国的支持和帮助,民众对两国开展全面合作充满信心。

中国与津巴布韦双向民意分析

提起"巴铁",中国人大都耳熟能详,其实在非洲也有一个与我"亲如兄弟"的友好国家——津巴布韦。

一、中国人眼中的津巴布韦

大多数中国人知道津巴布韦是非洲国家,该国对华友好,烟叶举世闻名,中华、芙蓉王等品牌的香烟都掺有一定比例的津巴布韦烟丝。

(一)中国人眼中的双边关系——"亲"

中津关系"亲"在:一是中国坚定支持津巴布韦争取民族独立和维护国家主权的斗争,2008年,由于中国和俄罗斯在联合国投票反对，使西方制裁津巴布韦的计划破产；二是津巴布韦在中国关切的重要问题上从来都毫不犹豫地站在中国一边，关键时刻靠得住、讲义气。

中津高层互访频繁，"就像两兄弟走亲戚串门一样"，中津合作领域广泛，中国在津农业、烟草、矿产、能源等领域有不少投资及援助项目，从业人员过万。津巴布韦朋友常对他们说，"津巴布韦就是你的第二个家（home away from home）"。

（二）中国人眼中的津巴布韦人民 ——"乐天派"

中国人感慨的，是津巴布韦人民的天性乐观。有"萨扎"（津传统主食玉米面）吃就挺满足，即使没得吃，也照样载歌载舞。在津巴布韦的中资企业即便出双倍工资，也很难让当地人加班加点工作。不少在津巴布韦工作的中国人也被这种安贫乐"闲"所影响，一些人甚至回国后因受不了快节奏而重返津。

（三）中国人眼中的津巴布韦物产 ——烟草味道好

津巴布韦地理、气候和生态环境与中国云南相似，都是低纬度高原，干湿季明显、日照充足、昼夜温差大，尤为适合烟草等种植业的发展。津烟草质量全球排名靠前，一度产量还很高，属津支柱产业。中国烟民品评烟丝时，经常"津津"乐道。津土地改革后，当地黑人接手了白人土地，但因经营不善，烟叶和小麦产量均下降，曾经是南部非洲"面包篮子"的津巴布韦不时还要进口粮食。

(四) 中国人眼中的津巴布韦经济——货币贬值速度惊心

津巴布韦 1980 年独立时在南部非洲经济实力仅次于南非，津元兑美元汇率是 1 ： 1.47，比美元值钱。后因西方制裁，加上当地人技术和资金缺乏，津经济一蹶不振。政府以超发货币应对，导致恶性通货膨胀，出现了世界上含"零"个数最多的钞票——100 万亿（14 个零）津元纸币（2009 年 1 月发行，4 月退市）。当时汇率变化极快，有当时在津的中国人讲，常常点菜时钱还够，但餐后结账时津元就不够用了。

二、津巴布韦人眼中的中国

津巴布韦独立后，西方对其严厉制裁，中国则予以无私援助，使津坚定地对华友好，称中国为"老大哥"。

(一) 感恩"老大哥"

执政党津民盟对中国支持其民族独立的斗争铭记在心。每逢双方高层会见，津必定感谢中国对其的帮助。中国已连续向津派出 13 批医疗队，得到救治的患者达数百万人次。2009 年，中国"中津友好光明行"项目赴津,免费为白内障患者做手术,在津反响热烈。

津巴布韦人民对中国感情真挚。2003年,一位地方津民盟中央委员随团访华时心脏病突发,中国方面安排医院紧急救治并一直照顾到其脱离危险,他甚为感动。后来听说帮助过他的中国友人来访,年逾花甲的他竟步行一周到哈拉雷畅叙友情。在哈拉雷街头,中国人的面孔就是友好通行证,小孩见到中国人会喊"China,China",少年则会摆出中国功夫造型以示友好。津巴布韦人酷爱中餐,中国产品也广受欢迎。据南非罗德斯大学一项针对非洲人对在非中国人态度的调查,津巴布韦人对中国人是最有感情的。

(二)"中国梦"激荡"津巴布韦梦"

2013年,"汉语桥"世界大学生中文比赛在长沙举行。津巴布韦大学学生马正桦以流利的汉语惊艳全场,闯进"全球十强"。评委们惊喜地发现,他总共才学了10个月汉语。马正桦在关于"中国梦"的演讲中讲述了自己的"津巴布韦梦":我看到中国雨后春笋般冒出来的摩天大楼、五彩缤纷的城市街灯、繁忙不已的机场港口,梦想有一天津巴布韦也能这么奇迹般地发展。

津巴布韦认为,它与中国有相似的历史背景和国情,应借鉴中国模式推动经济发展。有津政府部门负责人表示:"中国人任劳任怨、勤劳肯干的工作态度值得学习。"津前教育部部长费琼(华裔)说:"津要学中国独立自主、自力更生的精神。"津巴布韦大学校长尼亚古拉则激励学生学习中国语言文化:"鉴于中国的人口及在世界的地位,汉语必将是 21 世纪最重要的语言，因此要努力学习。"

（三）富起来后勿任性

在津巴布韦赴华留学生多术库看来，中国发展快，人民生活富裕，中国几乎人手一部智能手机令人惊讶，因为在津"很多人甚至还没有听说过手机"。但同时，津媒体和社会舆论也开始出现了一些中国人"有钱、任性"的说法。这些印象多是因为到津投资兴业的中国人对当地文化习惯和制度规则等不够熟悉造成的。如今，随着中国"走出去"企业素质的提升，这一状态正在明显改善。

中国与南非双向民意分析

中国与南非自建交以来，双边关系稳定发展，人员往来日益频繁，两国民众间相互了解日益多元、丰富、立体、鲜活。

一、中国人眼中的南非

以前提起非洲和南非，中国人除了想到英雄人物曼德拉之外，主要是贫穷、荒芜、战乱、饥饿、瘟疫、艾滋病等负面印象，认为非洲是一个没有希望的大陆。近年来，随着赴非洲及南非经商、旅游、学习、工作的人越来越多，中国民众对南非的印象也正变得更为丰富、鲜活和立体，正所谓"不到非洲怕非洲，到了非洲爱非洲，离开非洲想非洲"。

（一）南非是一个美丽如天堂的国家

去过南非的中国人都称赞，南非是一个动植物王国，夏无酷暑，冬无严寒，气候宜人，空气洁净，景观多样，人文多元，因而享有"彩虹国度""世界在一国"等美誉。风景如画的开普敦让人流连忘返；高度达到216米的布劳克朗斯大桥作为世界最高的蹦极点，吸引了大批蹦极爱好者；克鲁格国家公园是南非最大的野生动物园，也是自然环境最好、动物品种最多的野生动物保护区。南非有极为严格的野生动物保护法律，自然环境好，据说，纳米比亚、博茨瓦纳、津巴布韦等邻国的许多野生动物都纷纷"离家出走"，私自"偷渡"到南非"定居"。

（二）南非是一个发展不平衡的国家

无论从经济发展水平还是社会公正程度来看，南非呈现给世人的都是充满"自相矛盾"的画面，现代气息与落后景象同时呈现。在约翰内斯堡市内，这边是繁华闹市区，可能几步之遥便是"脏乱差"的贫民窟；强调民主人权法治，但现实中阶层固化和腐败问题广泛存在；充满无限商机，但治安状况仍比较糟糕。种族和解前，"上帝弃儿"的论调在南非较为盛行，而今天，南非人很有一种"上帝宠儿"的自豪感。

（三）南非治安状况较差，但仍是"淘金宝地"

南非失业率颇高，约为25%，导致犯罪率较高、治安状况较差，经济民族主义也比较强烈，且近几年又有抬头之势。约翰内斯堡机场内也会发生抢劫，中国游客在约翰内斯堡机场转机都非常谨慎，上厕所时行李不敢离手。有在黑人区做生意的华人表示，"我只敢坐在门口，不敢坐在店内，因为那样被抢劫别人发现不了，更危险。"在南非生活的华人华侨几乎没有未被抢过的，被枪顶过脑袋的也不在少数。南非经商的盈利空间非常可观，在南非经商的中国人仍将其视为"淘金宝地"。

（四）南非人纯朴乐观，喜爱"共享"

南非华人圈里广泛流传的一句话说，"黑人只有昨天，白人只看重今天，中国人总是想着明天"。虽然南非黑人并不富裕，但他们较少为名利所累，每天为自己而活，情感纯朴、热情奔放，每天都过得很开心、很快乐。黑人几乎人人都是天才舞蹈家，舞蹈很投入，粗狂中带着柔情，现代气息中带着原生态韵味，舞蹈是他们生活中的必要组成部分，已经融入血液和骨髓之中。南非黑人似乎没有储蓄观念，往往是拿到工资当天就去消费，有的人甚至今天拿到工资明天就已花完了。据说，一些在当地投资的企业家开始时按月发放工资，后来改为按周发放，后来又改为按天发放。周末许多企业发工资后，餐馆酒吧就会热闹非凡，南非人"今朝有酒今朝醉"的生活态度可爱至极。

（五）南非三任总统恩怨深，但对中国非常友好

据传，曼德拉、姆贝基、祖马等非国大领袖在狱中结识。祖马与

姆贝基曾是战友和搭档，但后来因事"反目成仇"。2005 年姆贝基以祖马涉嫌腐败为由解除其副总统职务，但祖马被判无罪后卷土重来，2007 年 12 月当选非国大主席，迫使姆贝基提前辞去总统职务。2018年中国春节期间，祖马又被迫辞去总统职务。不过，自建交以来，南非历届政府都非常重视对华关系。南非对中国在联合国中支持非洲的相关倡议和举措非常钦佩，对中国将南非拉进金砖国家合作机制心存敬意。非国人对中国在其竞选过程中赠送竞选汗衫等帮助非常感激，并顶住舆论压力多次阻止达赖"窜访"。

二、南非人眼中的中国

（一）对华好感逐步上升，欢迎中国技术助力南非制造

南非人普遍认为，随着综合国力与日俱增，中国国际影响力不断增强。一位在南非经商 20 多年的中国商人经常被南非朋友问及："中国什么时候会成为世界第一大经济体，我们对此非常期待！"美国皮尤研究中心一项民调显示：南非人对中国好感度为 52%，高于美（39%）、英（45%）、法（50%）、德（34%）等发达国家，但低于加纳（80%）、埃塞俄比亚（75%）、坦桑尼亚（74%）等非洲国家。值得注意的是，南非对华好感度近来逐年提高，年轻人对华态度更趋正面。

中国的技术转让与合作生产给南非提供了发展机遇和经济利益，

这是南非对华好感度上升的重要原因。例如，中国机车通过输出技术实现了机车在南非的本地化生产。机车红色外观、靠右侧主司机台布置等设计元素展示了南非文化。在投产运营过程中，经过一段时间的专业培训，一些年纪轻轻、富有热情的当地黑人男女青年已经担任起工长等职位了。一名工长激动地说："我不但找到了工作，还学会了技术，真没想到梦想变成了现实。"在南非人眼里，中国"什么都可以制造，令人羡慕"。价廉物美的中国商品改善了南非基层民众的生活水平。

（二）中国人异常勤奋，但生活略显乏味

在南非人眼里，中国人非常能吃苦，几乎没有周末和节假日，早上 7 点上班，晚上 6：30 下班，下班后还要加班，几乎不休息。中国人即使很富有也仍然很节俭、很努力，像一部"永动机"。南非人认为，这是中国能够快速发展起来的主要原因。

南非人有时也会觉得当地中国人生活圈不够开放，不太能理解中国人的宗教信仰和饮食习惯。南非 702 电台一位记者认为，南非华人是一个独立的社会群体，与当地人沟通不够多，不太愿意从自己的圈子里走出来与当地人深交。非洲在宗教信仰方面受欧洲影响较深，因而对中国人不那么信仰宗教感觉很难理解，他们认为，工作赚钱是人生的过程而不是目的，人的归宿是与上帝在一起，因此星期天不休息、不去教堂在他们看来有些不可思议。

（三）中国产品价格低廉，企业责任逐渐提升

南非贫富差距悬殊，占人口大多数的黑人消费能力相对较低，中国廉价日用商品在南非很受欢迎。但与此同时，"中国制造"过去在一些人眼里可谓价格便宜但质量不敢保证的代名词。非洲各国的法律制度基本沿袭了殖民时期的遗产，所以关于劳工等方面的规定非常严格。在南非的中国企业有时会因不熟悉当地法律而与雇员发生矛盾。但近年来情况出现明显好转，对中国企业客观积极的评价正日益增多。

（四）中国梦与非洲梦相通，习近平主席治国理念受到关注

南非以振兴非洲大陆、树立南非标准为己任，但非洲经济发展并不顺利，连南非自身也陷入一定程度的增长瓶颈。目睹中国经济腾飞，南非人希望中国成为实现其非洲复兴梦想的伙伴，认为中国经验能够改变非洲贫穷落后的面貌。南非人类科学研究委员会曾举办《习近平谈治国理政》书评会。书评会还特意向该委员会在德班和开普敦的办公室进行现场直播。非国大领导人表示，中国的治理经验对国际社会来说既是一种"灵感"，也是一种"动力"。研究员艾普利说："这本书中有很多营养可以汲取，对于想实现梦想的南非人来说是必读书目，对于探索发展模式的大部分发展中国家来说也是必读书目。"

（五）对中国资本先怕后爱，对中国速度刮目相看

2007—2008 年间，南非采取配额措施限制中国纺织品。但这样做除了增加南非采购商和消费者的成本，并没有达到预期目的，南非政府最终于 2009 年取消有关规定。

中国投资逐步受到南非社会各界的普遍欢迎。因为多数黑人居住在交通不便的乡村，工作却在约翰内斯堡等大城市，交通费用昂贵，所以南非普通民众对中国投资交通等基础设施抱有很高期待。南非学术界素以苛刻著称，但对中国投资总体持欢迎态度，相信中国的参与有助于平衡西方援助机构的影响，提升南非自身的话语权和国际谈判能力。

曼巴水泥厂是南中开展产能合作的典范。工作人员费雷拉说，中国同事们在雨中连续作业的情景令人感动。该项目提前 8 个月完工，让人们对中国速度和中国人的勤劳刮目相看。这个项目采用了先进的节能环保技术，将污染降到最低，获得南非贸工部 1.7 亿兰特现金及税收减免的奖励。

（六）"洋家乐"结下祖孙情

近年来，来华工作生活的南非人越来越多，许多南非人与中国老百姓结下了深厚情谊。浙江省德清县"洋家乐"就是其中的一个故事。"洋家乐"是一家南非人在华创办的农家乐。2007 年夏天，南非人高天成（Grant Horsefield）从浙江省德清县邱根娣老人那里租来空屋，

进行了特色装修，办起了一个面向城市富人的高档乡村休闲场所"裸心谷"。"裸心谷"一炮打响，高天成又搞起了连锁店，继而催生出一个新兴产业，也传出了一段祖孙情缘的佳话。高天成说："她的慈祥与包容，真像自己已经过世的奶奶。"于是，他决定认邱根娣为他的中国奶奶，邱根娣也认了这个南非小伙为孙子。从此，"去德清看奶奶"，成了高天成挂在嘴边的一句口头禅。

南 美 洲

中国与秘鲁双向民意分析

中国和秘鲁同为具有悠久历史的文明国家，虽远隔重洋，但相互尊重、彼此欣赏、互有好感。

一、中国人眼中的秘鲁

（一）印加文明，谜中之谜

中国人最早可能是从意大利传教士利玛窦的世界地图中得知秘鲁的存在。此后因两国远隔重洋，沟通渠道有限，中国人对秘鲁认知不多，怀有神秘感。有中国作家在作品中如此描述："秘鲁是神秘的印加文明的溯源地，这里生长过复杂的文明，也失落过迷幻的文化。"如果说南美是谜铺成的大陆，秘鲁则是当之无愧的谜中之谜。

秘鲁人文资源丰富，纵贯南美大陆的安第斯山脉孕育了与玛雅文明、阿兹特克文明并称为美洲三大文明的印加文明，承载了数千年人类文明的古老金字塔等遗迹在秘鲁多地分布。很多到过秘鲁的国人都深深体会到，谜一般失落已久的印加文明好似厚重而奇妙的书，难以熟读，又欲罢不能。在古老文明的厚植下，秘鲁孕育了诺贝尔文学奖得主马里奥·巴尔加斯·略萨，他的作品为不少中国读者所喜爱。

（二）山川河流，傲然于世

到过秘鲁的国人都为其壮美的自然风光所震撼，高山、云雾、悬崖、废墟，游走在秘鲁犹如一场魔幻穿越之旅。雄浑苍凉的安第斯山脉、气象万千的亚马孙热带雨林，造就了秘鲁"世界之肺"的美誉。秘鲁还是羊驼的故乡，乖巧可爱的羊驼在中国被誉为"神兽"，深受中国老百姓尤其是小朋友们的喜爱，已跻身中国最受欢迎的外来动物之列。

尤其值得一提的是隐藏在安第斯山脉深处的库斯科和马丘比丘这对古城双生花。马丘比丘高耸在海拔 2430 米的山脊上，热带丛林将其包围，被赞誉为"天空之城"，是世界新七大奇迹之一。而海拔比它还要高出 1000 多米的库斯科古城则被誉为"安第斯山王冠上的明珠"。不少中国人都把它们添加到个人旅游目的地的"收藏夹"中。

（三）殖民统治，印记深刻

15—17 世纪新航路的开辟给欧洲带来无限的发展机遇，而给拉美国家带来的却是不少痛苦的回忆。16 世纪中叶，西班牙殖民者入侵秘鲁，不仅造成巨大的物质损失，也阻断了秘鲁自身的文明进程。

300 余年的殖民统治给秘鲁文明染上了欧洲色彩，至今仍有深刻的殖民印记。秘鲁首都利马随处可见西班牙建筑，让人恍惚来到欧洲。在印加帝国首都库斯科，西班牙殖民者将教堂建在原有神庙地基之上，拆掉神庙的上半部分，将之换上教堂的尖顶。更不用说西班牙语已成为秘鲁的官方语言，90%以上的秘鲁人信奉天主教，利马也为西班牙人所建。

（四）矿产开采，成本上升

秘鲁矿产资源丰富，矿业为秘鲁贡献了大约一半的出口，成为经济增长动力。秘鲁丰富的矿产资源吸引中国企业投资开采，秘政府也欢迎中企投资。中国铝业、中国五矿等中企相继投资秘鲁能源矿产，给秘鲁带来了巨大收益，带动当地就业，拉动了经济增长。

当然，中企在秘矿业投资也并非一帆风顺。有时会遇到一些社会组织的抵制，有时也会遭到一些恶意的中伤，增加了中企开矿的难度和成本。

二、秘鲁人眼中的中国

（一）距离遥远，心灵相近

秘鲁与中国相距大半个地球，但对中国却不陌生。走在利马街头，到处都能看到挂着"CHIFA"（中文"吃饭"的音译）和汉字招牌的中餐馆、琳琅满目的中国商品，在大街小巷里会有一张张和中国人差不多的面庞与你擦肩而过，一股浓郁的"中国风"扑面而来。一位秘鲁记者称："单是利马就有4000多家中餐馆，'CHIFA'攻破了秘鲁人的舌头，也使秘鲁人和中国人建立了和谐关系。"

在秘鲁还有不少毛泽东的"粉丝"，他们颇为毛泽东的哲学思想和人格魅力所感染。一位秘鲁教师说，很多秘鲁人对当年毛泽东带领一穷二白的中国屹立于世界民族之林表示敬佩，这也激励着秘鲁人民。秘鲁前总统库琴斯基就是毛泽东的忠实"粉丝"。

（二）秘鲁女孩，华人老公

秘鲁是拉美国家中华人最多的国家，当地华人成为秘鲁认知中国最直接的"窗口"。秘鲁华人社会有一首诗抒发华人的优秀品质："呐喊，引起异国他乡的关注；聪慧，赢得四面八方尊重；勤奋，为自己撑起一片自由的天空。"正是因为拥有如此优秀的品质，很多秘鲁女孩愿意嫁给中国人。

勤劳的华人为秘鲁的发展作出了巨大贡献。秘前外长、国家历史学院院士格兰达说："如果没有这些耕种土地的中国移民流下的汗水，我们不可能取得现有的农业及其他发展成就，华人还为秘鲁人的生活提供了美味的中餐、秘鲁孩子爱好的'包剪锤'游戏等等。"秘鲁部长会议主席卡特里亚诺说："华人已经很好地融入了秘鲁文化，秘鲁人的血液中都流淌着华人的成分。"秘鲁华人对推动中秘关系也发挥了重要作用，秘鲁著名华人何莲香当年就对推动中秘建交发挥了信使作用。

（三）平等相待，期望借力

秘鲁人深切感到，中国强大了，但从不盛气凌人。秘鲁前总统阿兰·加西亚·佩雷斯说："在我政治生涯开始的初期，平等地与别国交往的理念在我看来不过是一纸空言。但是深受儒家思想影响的中国政府却切实将其履行。中国在对待世界强国和拉美地区或者斐济这样的小国之间没有任何区别。"秘鲁敬佩中国经济的飞速发展，认为中国的快速发展有利于拉丁美洲和秘鲁的发展，希望更多中国资本进入秘鲁。一位秘企业家说："秘鲁过去是美国的后院，美国一打喷嚏我们就感冒，现在不一样了，秘鲁有了中国这样一个发动机。"中国目前已在秘基础设施以及矿业、电话、通信业等方面开展投资合作。

中企在秘鲁人心中是优质的代名词，"中国企业负责任，效率高、工程质量好，在秘鲁具有良好形象"，其国内不少基建项目希望中国企业承建。对于正在论证中的两洋铁路，秘鲁人普遍持欢迎态度，兴奋之情溢于言表。

（四）中国制度，魅力引人

秘鲁政界人士高度赞赏中国取得的成就，前总统阿兰·加西亚·佩雷斯认为："中国的政治体系不是王朝、姓氏或者是家族制度，而是由中国人选择的结果,这是一个高度智慧的体制。"在这一政治制度的良好运转下,改革开放几十年来,"中国经历了整个人类历史上最为深刻的社会变革"。许多到过中国的秘鲁人都对中国的快速发展深感震撼,感到"中国简直不可思议"。

中国取得的伟大成就使秘鲁各界开始关注和研究中国共产党的执政理念。《习近平谈治国理政》被许多秘鲁精英和研究界人士密切关注,他们认为该书"阐述了中国政府的执政目标和理念,提出了实现中华民族伟大复兴的中国梦,阐明了当代中国的发展之路,增进了国际社会对中国的了解","全面系统地回答了新时代条件下中国发展的重大理论和现实问题,开启了国际社会了解当代中国的一个新窗口,是一把寻找中国问题答案的钥匙"。

当然,再好的朋友也难免磕磕绊绊。随着中秘两国日益走近,双方在经贸方面也会遇到一些问题。在利马,部分制衣商人担心在价格上竞争不过中国商品,曾经较激烈的方式发泄过不满情绪。中秘两国在未来合作中需进一步管控好此类事件,以免给两国关系大局带来不好的影响。

中国与厄瓜多尔双向民意分析

对中国人而言，厄瓜多尔遥远而神秘，但彼此交往源远流长。近年来，两国交往逐渐增多，神秘感变为相互了解的动力。

一、中国人眼中的厄瓜多尔

（一）远隔千山万水，交往源远流长

早在 19 世纪中叶，就有中国人赴厄瓜多尔做华工或做生意谋生，开启了中厄交往的历史。至 19 世纪末，大量做苦力的中国人获得自由，逐渐进入沿海地区经商。1908 年，在瓜亚基尔的华人华侨成立了华侨社团中华会馆，后改称中华总商会。

中厄虽然相距遥远，但两国保持着密切交往，传统友谊深厚。厄在涉及中国核心利益和重大关切问题上给予理解和支持。厄政府

在 1971 年第 26 届联合国大会上力排众议，支持恢复新中国在联合国的合法席位。菲律宾阿基诺政府单方面提交所谓"南海仲裁"后，厄执政党主权祖国联盟运动明确支持中国的南海立场。厄主权祖国联盟运动前执行书记多丽丝·索利斯发表声明表示："支持中国在南海问题上的立场。主权祖国运动联盟一贯主张尊重各国人民主权、尊重国际法。因此，支持中国人民寻求解决南海问题的正当立场；由直接当事国进行对话、谈判和协商，没有外部势力干扰，对达成合法协议至关重要。只有这样，国际法才能永远发挥主导作用；主权祖国联盟运动希望在尊重国际法的前提下，早日解决问题，助益世界多极化。"

(二)"美洲艺术殿堂""人类文化遗产"

厄瓜多尔历史文化成绩斐然。古老的印第安民族世世代代生活在这片土地上，创造了多姿多彩、独具特色的民族文化。凡是游览巴尔迪维阿文化遗址的中国游客，无不对巴尔迪维阿人创造的文化叹为观止。目前，厄瓜多尔的印第安人经过历史的分化融合，演变为十多个分支民族。他们在不断吸收外来文化营养的同时，保留和发扬自身文化传统。在首都基多，一座座殖民时期的古建筑鳞次而立，如富丽堂皇的圣弗朗西斯科教堂、孔帕尼亚教堂等。它们见证着国家的饱经沧桑，又蕴含着古老的民族文化内涵。因此基多享有"美洲艺术殿堂"的美称，并被联合国宣布为"人类文化遗产"。

（三）"赤道之国""世界自然博物馆"

厄瓜多尔自然风光优美。赤道沿首都基多北部横穿而过，使其成为距离太阳最近的国家，被誉为"赤道之国"。这里也是地球上受引力最小的国家。据说，女孩们都很愿意在这里称体重，因为这里称出的体重比其他国家至少轻一公斤。钦博拉索雪山是最著名的，被称为"离天堂最近的雪山"。在厄瓜多尔流传这样一句古话，"钦博拉索是离天堂最近的雪山，比珠穆朗玛还高还近"。首都基多更曾获得"南美洲最令人向往的地方"的美誉。厄瓜多尔生态独特种类繁多，被世人称为"世界自然博物馆"。1835 年达尔文不远万里，来到与世隔绝的加拉帕戈斯群岛进行科学考察，写下了不朽的巨著《物种起源》，对生物学的发展产生了不可估量的影响。

（四）"香蕉王国"，中国市场"新宠"

提到厄瓜多尔，中国百姓第一个印象是香蕉。厄瓜多尔香蕉久负盛名，享誉世界，其在沿海地区的种植和出口可追溯到 18 世纪。20世纪 60 年代末，香蕉是厄瓜多尔国民经济中最重要的产业和第一大出口产品。2012 年起，由于中国与菲律宾阿基诺政府在"南海问题"上矛盾加深，中国停止从菲律宾进口香蕉，为厄瓜多尔香蕉进一步扩大中国市场提供了契机。2015 年厄瓜多尔香蕉出口商协会称，厄30％香蕉出口至中国，且厄多家香蕉公司正计划加大对中国市场的供应力度，成为中国市场的主要供应商。

二、厄瓜多尔人眼中的中国

（一）真正朋友，真心相助

1980 年建交以来，中厄两国经贸关系持续稳定发展。厄是中国在拉美第十大贸易伙伴。中国在厄投资主要涉及石油、矿产勘探开发、基础设施建设等领域。厄前总统科雷亚多次表示，厄瓜多尔人民喜爱中国，欣赏中国悠久的历史文化，钦佩中国改革开放成就。中国是大国，厄瓜多尔是南美洲最小的国家之一，中方尊重厄方，帮助厄瓜多尔经济和社会发展，为厄方许多重要项目提供了支持，提高了当地人民生活水平。厄瓜多尔各界都认为，中国是厄瓜多尔真诚的朋友，厄中合作是互利共赢的。中国对厄投资对该国发展起了重要作用。

（二）患难真情，守望相助

2016 年上半年的一场强震，把太平洋两岸的厄瓜多尔与中国更加紧密地联结在一起，中国在厄瓜多尔震区成为温暖的"热词"。地震重灾区波多维耶霍市市长阿古斯汀·卡萨诺瓦在接受采访中激动地说："患难见真情，中国是厄瓜多尔亲密的兄弟。"中国第一时间宣布，在已向厄方提供 200 万美元现汇援助基础上，再向厄提供 6000 万元人民币紧急人道主义物资援助，并包机运至厄瓜多尔。中国企业的责任感和使命感在厄瓜多尔为当地人民建起了安全墙、织起了安全网，向世界传递了一个坚定信号：灾难面前，中资企业有担当。厄瓜多尔安全协调部部长纳瓦斯说："如果没有中国相关部门为厄瓜多尔打造的国家公共安全和应急平台，厄瓜多尔在这场大灾难中面临的困难将不可想象。"时任厄瓜多尔驻华大使何塞·博尔哈在北京表示："我很感谢中国政府，以及各界民众在厄瓜多尔遭受灾难的时刻与我们紧密地团结在一起。"

（三）中企信誉好，带动"汉语热"

中国企业的增加，也增加了厄瓜多尔民众学习汉语的热情。受国际油价大幅下跌、美元贬值、地震灾害等因素影响，当前厄经济发展遇到较大困难，就业也受到很大冲击。厄瓜多尔政府规定当地最低工资标准为 340 美元，而不少在中资企业工作的当地人可以拿到 600 到 1000 美元，甚至更高的工资。随着中国国际地位的提高，学好汉语并希望以后有机会到中资企业找一份工作，这是当地不少年轻人的想法。2014 年，时任厄瓜多尔驻华大使何塞·博尔哈访问湖南时表示要派遣多名留学生及工程师来中国，学习有关经济建设、转型方面的经验。厄瓜多尔目前仅有一所孔子学院，满足不了当地年轻人学习汉语的热情，希望能与中方及湖南的教育部门合作，在厄瓜多尔开办更多孔了学院。

（四）期待加强人文交流，欢迎更多中国游客赴厄观光

中国曾派出杂技团、歌舞团、京剧团和武术团等赴厄演出，在厄举办工艺美术展、图片展、书展和电影展，加深了厄民众对中华传统文化的了解和喜爱。中国还曾派出乒乓球、排球、篮球、体操和跳水教练赴厄任教。2010 年 12 月，中国石油大学和厄基多圣弗朗西斯科大学合作设立的孔子学院揭牌运营。2015 年 1 月，时任厄总统科雷亚访华期间，两国签署推动签证便利化的相关协定，科表示"期待未来中国游客能从目前的 1.5 万人增加到 15 万人"。

2016 年 2 月，时任厄驻华大使何塞·博尔哈正式宣布，自 2016年 3 月 1 日起赴厄瓜多尔旅游、探亲或从事非营利性活动的中国公民可免签入境、出境、过境厄瓜多尔，免签停留时间最长 90 天。至此，南美洲签证难度最大的国家之一终于对华免签。

当然也要看到，两国民众相互认知也受到西方舆论宣传等因素影响。比如，一些有西方背景的民间组织会故意给中国企业制造麻烦，称中国矿企破坏了当地自然生态环境，甚至到中国驻厄使领馆进行抗议。这说明中国在当地企业还面临环境不熟、经验不足等难题和挑战，应进一步重视与当地律师事务所、会计师事务所等机构合作，更好融入当地社会，逐步提高媒体公关能力，避免造成严重损失。

中国与智利双向民意分析

不管是用英文还是按汉语拼音排序，中国和智利总是相依相伴。两国政治关系稳定向好，经贸关系迅速发展，在投资、教育、科技、文化等方面均有较大合作空间。

一、中国人眼中的智利

（一）双边关系亮点纷呈

在国人看来，智利在发展对华关系上，一直走在拉美国家前列。1970 年，智利成为首个与中国建交的南美洲国家；1999 年，智利是首个支持中国加入世贸组织的拉美国家；2004 年，智利是首个承认中国市场经济地位的拉美国家；2005 年，智利成为首个与中国签署自由贸易协定的拉美国家。多年来，虽然智利政坛历经变换，智中关系都总体稳定，从中不难看出智利超越意识形态、对华一向友好的态度。

两国的经贸关系也十分密切。中国海关数据显示，2014 年中智贸易额已是 2005 年的 4.8 倍。中国已成为智利第一大贸易伙伴、第一大出口市场和第二大进口来源地。而智利央行数据显示，在过去的十年，智利对华出口占其出口总额的 1/4 以上。其中铜出口占到了出口总额的一半以上，此外，农产品在中智贸易中逐渐崭露头角。

（二）铜、车厘子、蓝莓、红酒——闪亮的"智利名片"

提起智利，一般国人都知道是"铜矿之国"，其铜的探明储量、产量和出口量均为世界第一。铜价起落直接决定了智利经济的兴衰，而中国对铜的需求，使得智利的经济周期与中国贴近。正如一位中国学者所言：铜把中智两个经济体紧紧联结在了一起。

去过智利的国人都知道，沐浴着太平洋湿润海风和南美充沛阳光的这块狭长的土地，恰好为"难伺候"的车厘子提供了最佳环境。冷藏飞越 2 万公里后，甜美饱满的智利车厘子让中国消费者得以大快朵颐。据统计，智利车厘子已占到中国车厘子进口总量的 80%，而蓝莓则占到 98%。

近年来，在中国市场上智利红酒后来居上，大有盖过法国红酒之势。一位中国的红酒爱好者说，喜欢智利红酒是因为它融欧洲贵族传统和南美野性风味于一身，而且也有不少品牌在许多国际盲品活动中获得世界级奖项。据统计，智利已跃升为中国第三大红酒进口来源国。

（三）文化交往佳话频传，"地心营救"展现伟大友谊

新中国成立不久，智利就开始了对华友好文化交流。智中文化协会是拉美最早的对华民间友好组织之一。前总统阿连德和著名诗人、诺贝尔文学奖得主聂鲁达是协会创始人，并曾担任负责人。很多老一辈国人还记得，聂鲁达在 20 世纪五六十年代三次访华，写下了壮丽诗篇《中国大地之歌》，其作品对当时中国诗坛的风格有很大影响。

很多中国人还记得，2010 年智利 33 名铜矿工人在地下 700 米被困 69 天，经过生死营救，全员生还，创造了"智利奇迹"。此后云南电影集团参与、支持拍摄了以此为蓝本的电影《地心营救》。为感谢中国为救援工作作出的巨大努力，体现中智两国人民的伟大友谊，智利把发挥关键作用的"凤凰号"救生舱永久落户天津中智示范农场。一位参观者说，"凤凰号"救生舱代表着智利的国家形象，闪耀着智利人民对生命的尊重，象征着智利人民顽强乐观的精神，有许多值得我们学习的东西。

（四）"南极情结"深远浓重

提起智利，国人会马上想到南极、企鹅。到过智利的国人都会发现智利人处处流露出"南极情结"。智利人常把"我们的南极"挂在嘴边，还把最南端的港口城市蓬塔阿雷纳斯市称作"南极门户"。政府还设了"南极大区"，坚持对南极半岛 100 多万平方公里声称主权，并将其定名为"智利南极省"。中智两国的南极科考合作方兴未艾，

先是吸纳中国科学家参加智利在南极基地的夏季科考，后又让中国在乔治王岛建立长城站，与智利费雷站比邻而居。在中国科考队员眼中，智利建在乔治王岛上、只有 12 户人家的"南极村"称得上是世界最南端的人类定居点，幼儿园、学校、超市、体育馆、邮局、小教堂、机场一应俱全，当地居民还召集 8 国科考人员参加"南极运动会"呢！

如果说南极和复活节岛上的神秘石像群早就成为智利旅游的名片，那么智利本土称得上是一个巨大的地质公园，不仅地形地貌极具视觉冲击力，还有难得一见的动植物以及无限的海上风光，被好远行的驴友们形象地比作"南美的裙边"和"徒步天堂"。到过智利的国人惊叹：智利美得像个传说！

二、智利人眼中的中国

（一）中国是智利未来的机遇

在智利人眼里，中国是可靠的朋友和伙伴。智利总统巴切莱特说，中国是智利发展中首屈一指的盟友。智利政、经、学界有个共同的认识：中智现有的密切关系只是开始，双方在贸易、科技、文化等更多领域的合作将继续蓬勃发展。智利公共工程部部长乌恩杜拉卡坦言："太平洋并不能将智利与中国相隔，我们未来的机遇在亚太。"

智利不少老百姓都知道，智利经济因为铜而与中国经济一定程度联动。但自两国签署自贸协定以来，铜产品主导智中双边贸易的局面逐步扭转，农产品在中智贸易中逐渐崭露头角。在关税逐步降低的情况下，享受免关税政策的智利商品数量扩大了近 4 倍，从中受益的产品主要有葡萄酒、三文鱼、水果、干果等。智利外交部高官说，中智自贸协定"是智利迄今为止签署的自贸协议中成效最为显著的一个，一切仅仅是开始，我们对未来前景充满信心"。

（二）中国风和汉语热正风靡智利

随着两国经贸关系日益密切，了解中国文化逐渐成为智利人热衷的时尚。智利民众对中医中药、中国茶艺、厨艺、书法、剪纸、饮食、传统节日民俗等尤其感兴趣。几乎所有中国主题的文化活动都会被智利人追捧，兴趣浓厚的当地民众团团围住展区，边看边赞，还兴趣十足地亲身体验。

中国风带来了汉语热。许多智利中学和大学里都设有汉语课程。智利有两所孔子学院，而更令智利自豪的是，孔子学院拉美中心设在首都圣地亚哥。相关机构保守估计，全智利学习汉语的人数目前已超过 12 万人。智利圣托马斯大学校长海梅·瓦特说，智利学汉语的人数已经仅次于学英语的人数，学汉语在智利已经成为一种时尚。

（三）"中国经验值得学习"

在绝大部分拉美国家徘徊于"中等收入陷阱"之际，智利通过探索市场经济与适度政府干预的有效结合，政治、经济和社会发展互相促进，成功跻身高收入经济体。这一显著成就让智利人颇为自豪。同时，智利学者也清楚还有很多问题存在，"国家仍然面对消除贫富不均和收入分配不均的挑战，要继续推动产业转型，培育新的增长点"。

智利财政部部长安德烈斯·贝拉斯科明确地说："毫无疑问，中国的发展之路是 30 年来世界经济发展历程中最成功的典范，中国的经验值得我们学习。"不论在智利精英还是百姓的眼中，"中国都是我们这个时代里发展最快的国家"，中国结合了本国实际情况，有效地利用了市场信号和市场杠杆，很好地推动了投资和发展。智利决策和经济界人士期望即将在秘鲁召开的亚太经合组织（APEC）第十六次领导人非正式会议上，中国能够给世界带来新的惊喜。

（四）"中国对智利投资空间非常大"

"一带一路"在欧亚大陆扎实推进，很多沿线国家基础设施建设大面积受益，智利等拉美国家对此充满期待。来华招商的公共工程部部长乌恩杜拉卡对中国企业界呼吁："智利基建急需中企投资！"在智利经济部门看来，其电网、电讯项目、铁路、公路、隧道、港口和机场等都急需中企的参与。目前中国企业在智利的发展集中于矿产资源、水果种植、葡萄酒生产、太阳能光伏等领域。乌恩杜拉卡表示，中国应进一步加大对智利基础设施建设的投资，只要有一家中国企业投资智利的基建领域，就会带动其他中国企业对智利基建投资。

智利前驻华大使贺乔治认为，亚洲和拉美之间现有通信基础设施已无法适应快速增长的电子商务，中国正在从"世界工厂"逐渐转变为数据流动中枢，中国和智利间应建设跨太平洋光缆，连接亚洲和拉美。智利交通通信部相关负责人表示，智利欢迎中国公司的技术和资本帮助拉美提高互联互通水平，"我们非常希望中国公司在智利南部修建总长 3000 多公里的光缆"。

智利学术界、舆论界有声音强调，目前智利与中国的双边贸易主要是铜矿和农产品，结构较为单一，中国应通过"一带一路"框架下的合作，帮助智利推动产业结构优化升级，进一步提升在全球价值链中的地位。

当然，受西方媒体长期负面报道影响，也有一些智利民众依然盲信西方所谓"普世价值"，对中国发展道路和政治制度仍有偏见，但随着中国不断取得重大发展成就，这种偏见正逐渐减少。

附录　丝路故事

文化交流篇

"羊毛树"上长出丝

（希腊）

　　早在公元前 3 世纪，中国丝绸辗转传入西方，欧洲人称其为"东方绚丽的朝霞"，被视为无上珍品。希腊人得知丝绸来自一个神秘的东方大国，就给中国起了一个优美的名字叫"赛里斯"，在希腊语中的意思是"丝之国"。

　　对于蚕丝是如何产生的，欧洲人起初有着各种猜测。有罗马学者在《博物志》中写道："丝生于树叶上。"还有一位希腊的地理学家，猜测丝绸是由一种甲虫像蜘蛛吐丝那样吐出来的。甚至有人想象是一种可以产丝的"羊毛树"产出。公元 6 世纪，几个商人将蚕种从中国走私到了罗马，欧洲人才搞清楚蚕丝的由来，欧洲也才有了自己的蚕丝业。

　　点评：中国的丝绸是享誉世界的特产，更是东西方文明从陌生和幻想到接触与融合的古老见证。

学问虽远在中国，亦当前往求之

（阿拉伯）

伊斯兰"圣训"中有一句话，"学问虽远在中国，亦当前往求之"。这句话在阿拉伯世界乃至西方诸国，几乎无人不知、无人不晓。

为了贯彻这一宗旨，唐武德年间（618—626），先知穆罕默德门下四位大贤来唐传教并学习中国的先进知识。大贤传教广州，二贤传教扬州，三贤、四贤传教泉州。三贤、四贤去世后，葬于泉州一座山上。

相传，三贤、四贤下葬后，这座山夜夜都有灵光发出，百姓认为这是两位贤者显灵，就将该山称为灵山，将他们的墓称为圣墓，即西方圣人之墓。灵山圣墓深得伊斯兰教徒尊崇，一旦遭遇艰难，人们就会来祭拜祈福，希望得到平安指引。郑和第5次下西洋之前，特地来到灵山拜谒圣墓。

灵山圣墓是中国现存最古老、最完好的伊斯兰教圣迹，与麦地那的穆罕默德圣墓、纳贾夫的阿里圣墓齐名，被誉为"世界伊斯兰教的第三圣墓"。

点评：大量伊斯兰传教士不远万里来到中国交流、学习、传教，互通有无，为两大文明交流互鉴作出了重大贡献。

第一个到达非洲的中国旅行家

（西亚非洲）

唐天宝十年（751 年），游历文人杜环随军在怛逻斯城（今哈萨克斯坦江布尔州）与大食（大食为唐宋时期对阿拉伯帝国的专称）军作战被俘，被送到库法（伊拉克南部古城）。由于他出身望族，因此受到优待，得以周游西亚，并随阿拉伯使团经过埃及、苏丹、摩洛哥到达埃塞俄比亚，成为第一个到过非洲并有著作的中国人。宝应初年（762 年），杜环从埃塞俄比亚乘商船回国，写下《经行记》一书（已失传，杜佑的《通典》引用此书，有 1500 余字保留至今）。

《经行记》是中国最早记载伊斯兰教义和中国工匠在大食传播生产技术的古籍。杜环在访问埃及时写道："其大秦，善医眼与痢，或未病先见，或开脑出虫。"书中还记录了亚非一些国家的历史、地理、物产和风俗人情。《经行记》只用了几百字就概述了伊斯兰教的信仰、礼拜、斋戒以及当时的风俗习惯和伦理道德："无问贵贱，一日五时礼天，食肉作斋，以杀生为功德……每七日，王出礼拜，登高坐，为众说法。"

　　点评:《经行记》在中阿关系史和中国伊斯兰史上,具有十分重要的意义,成为研究中国伊斯兰教史和中国与阿拉伯国家关系史的珍贵史料。

深受阿拉伯语影响的
维吾尔长诗《福乐智慧》

（阿拉伯）

中国维吾尔、哈萨克等民族，曾用阿拉伯字母来拼写他们的语言，并吸收了大量阿拉伯词汇。维吾尔族人用阿拉伯字母取代回鹘（音 hú）文字母，始于喀（音 kā）喇（音 lā）汗王朝（9—13 世纪，位于中亚地区和我国新疆西部的一个国家）。

喀喇汗王朝时，一位笃信伊斯兰教的巴拉沙衮（位于吉尔吉斯斯坦境内）人玉素甫·哈斯·哈吉甫，于 1069—1070 年写成了一部闻名世界的叙事长诗——《福乐智慧》。该诗用阿拉伯字母拼写的维吾尔文写成，共 73 章，1.3 万多行。哈吉甫把它奉献给当时喀拉汗王朝的君主布格拉汗。布格拉汗对这部巨著十分赞赏，授予尤素甫"御前侍臣"的称号，并让他在宫廷供职。

长诗赞美了安拉和先知。长诗把本民族的传统文化和外来文化融为一体，文辞优美，富于哲理，是维吾尔族文学史上的一座丰碑。长诗使用阿拉伯诗的韵律，以两行体的形式，开维吾尔文古诗韵律两行体的先河。

点评：中阿长期友好往来，文化关系密切。中华文化吸收借鉴阿拉伯文化，得到了更大发展。

积极传播大唐文化的伊本·瓦哈卜

（伊朗）

公元 870 年，古莱氏族人伊本·瓦哈卜自西拉甫 (今伊朗塔赫里) 乘船来到中国。他很想见中国皇帝，便从广州来到长安（今陕西省西安市）。伊本多次上书，自称是先知穆罕默德族人，要求面见皇帝。唐懿宗下令妥善安顿他，并吩咐广州地方长官查证。当他确信伊本所言属实后，专门接见了伊本。

唐懿宗问伊本为什么来中国，伊本说，他对中国皇帝的威严、中国的美好和富足早有所闻，所以决定踏上这块土地，亲眼看看。他又说："现在，我就要离开这里，返回故乡，我将把亲眼所见的事实，如皇帝陛下的威严、贵国土地的广大等传扬出去；把一切美好的东西传扬出去；把我领受的所有盛情和厚意，告诉给我国人民。"唐懿宗听了很高兴，给伊本一份豪华的赏赐，又命大臣好好招待。

伊本回国后，一位阿拉伯商人艾卜·宰德·哈桑访问了他，并作了记录。于是，他的中国见闻便传播开来。

点评: 阿拉伯人民自古以来就对中华文明非常感兴趣，并积极传播中华文明。

伊本·白图泰东游

（摩洛哥）

伊本·白图泰（1304—1377），摩洛哥人，大旅行家。1324年（中国元代），伊本·白图泰从摩洛哥出发，《异境奇观》一书中记述了他的所见所闻和沿途各国的风土人情。

1336年，白图泰抵达中国。他在中国的旅行非常顺利，每到一地都受到热烈欢迎，"就旅行者来说，中国境内是最安全舒适的"。白图泰抵达杭州后，地方官员设宴欢迎，不仅请来了穆斯林厨师，而且还让人用汉语、阿拉伯语和波斯语演唱助兴，表演中国的传统杂技。

白图泰非常仰慕中国的文明富饶："中国地域辽阔，资源丰富，各种五谷、水果、金银矿产，都是世界各地所不能相比拟的"，而且有世界上"最好的瓷器"，在绘画方面也拥有"得天独厚的天才"。

1963年，周恩来总理访问摩洛哥时，会见了摩洛哥国王哈桑二世。哈桑二世拿出被奉为国宝的《异境奇观》，与周总理一起回忆伊本·白图泰到访中国的历史，表明两国友谊源远流长和加强双方友好关系的美好愿望。

点评：伊本·白图泰为促进中国和西亚北非地区的文化交流发挥了重要作用，同时也表明了双方的开放包容与和平友善。

"百万先生"马可·波罗

（意大利）

马可·波罗是 13 世纪意大利著名的商人和旅行家，他游历中国 17 年，回国后口述的《马可·波罗游记》是欧洲人撰写的第一部详细描绘中国的游记，流传广泛。

书中对中国的繁荣赞不绝口，充满了欧洲人闻所未闻的故事。叙述中经常出现"百万"的字眼，例如城市里有百万人口、百万房屋、百万马匹等，当时的意大利人难以想象，于是将马可·波罗戏称为"百万先生"，将《马可·波罗游记》叫作"百万"。

这种戏谑的称呼，反映了当时欧洲人对《马可·波罗游记》真实性的怀疑，有朋友甚至劝他把书中看起来离奇的内容删掉。再比如，书中提到中国普遍流通纸币，但当时的欧洲人还不知道纸币为何物，认为把纸等同于金银的想法极为荒谬。但随着后来的地理大发现，欧洲人对东方的了解越来越多，《马可·波罗游记》里讲的许多事情也逐渐被证实。

点评： 类似于"百万先生"这样的误解在中西方文化交流过程中时有发生，唯有不断加强往来，才能增信释疑。这一点在今天仍有现实意义。

马可·波罗的游记

（意大利）

马可·波罗出生于意大利威尼斯一个商人家庭，小时候经常听他的父辈讲述到东方经商的故事，心中十分向往。17 岁那年，他跟着父亲和叔叔离开家乡，历经 4 年的艰难跋涉，于 1275 年来到中国。

聪明的马可·波罗很快就学会了汉语，在 17 年的时间里，他走遍了中国的山山水水，足迹遍布新疆、内蒙古、四川、云南、山东、江苏、北京等十几个省市。其间，他还去过越南、缅甸、苏门答腊。

1295 年，马可·波罗回到阔别 24 年的威尼斯，口述了《马可·波罗游记》。书中描述了中亚、西亚、东南亚等地区 100 多个国家、城市的情况，重点是关于中国的叙述。几个月后，这本书已在意大利境内随处可见，后来被翻译成多种欧洲文字，广为流传。《马可·波罗游记》不仅掀起了一股中国热，更给当时的欧洲带来了全新的视野，对以后新航路的开辟产生了巨大影响。西方地理学家还根据书中的描述，绘制了早期的"世界地图"。

点评：马可·波罗是东西方文化交流的使者，他的游记堪称中西文化交流的里程碑。

蒙古族英雄史诗《江格尔》

（蒙古国）

《江格尔》被誉为中国少数民族三大史诗之一，长期在民间口头流传。其产生年代和地区众说纷纭。近几年在新疆发现的大量材料证实，《江格尔》源于中国新疆阿尔泰山一带蒙古族聚居区。之后，《江格尔》流传到中亚、东欧国家。这部史诗至今在中国新疆、内蒙古及中亚等地仍有一定影响力。

《江格尔》以蒙古族英雄江格尔命名，记叙了江格尔苦难的童年与艰苦的战斗经历，把他描写成一位机智、聪明、威武、能干，深受群众拥戴的顶天立地的英雄人物，体现了蒙古民族吃苦耐劳、顽强坚定和英勇尚武的性格。江格尔为捍卫家园而浴血奋战的精神和可亲可敬的形象，使史诗获得了代代相传、永不衰竭的生命力。

当前，研究《江格尔》史诗已形成一门世界性的学科。世界上多个国家都在研究《江格尔》。1771 年，清朝开始了《江格尔》整理工作。新中国成立后，多次整理出版，为《江格尔》的保存发展做了大量工作。

点评：中华文化多元开放，文化上的融汇互通、同根同源成为中国与邻国友好交往的桥梁。

柯尔克孜族史诗《玛纳斯》

（吉尔吉斯斯坦、哈萨克斯坦、乌兹别克斯坦、
阿富汗和巴基斯坦）

约在 16—18 世纪，中国新疆地区柯尔克孜族开始流传《玛纳斯》史诗，之后传入吉尔吉斯斯坦、哈萨克斯坦、乌兹别克斯坦以及阿富汗和巴基斯坦北部有柯尔克孜族居住的地方。

《玛纳斯》讲述的是一名柯尔克孜族英雄玛纳斯，从他出生到其第七代子孙，不畏艰险、奋勇拼搏，共同创造了美好生活。玛纳斯的伟大爱情故事更是歌颂了中国的柯尔克孜族忠贞不渝的爱情信念。目前，世界上能凭记忆完整演唱《玛纳斯》的是一位中国的柯尔克孜族老人奇居素甫·玛玛依，他是唯一一个被授予吉尔吉斯斯坦文艺界最高荣誉——"人民演员"称号的外国人，促进了中吉两国的文化交流。

新中国成立后，中国作为《玛纳斯》史诗的发源地对其进行了系统记录、整理，吉尔吉斯斯坦也对《玛纳斯》史诗的传承与发展作出了重要贡献。《玛纳斯》是中国柯尔克孜族和吉尔吉斯斯坦人民共同的文化骄傲。2006 年 5 月，《玛纳斯》被列入中国第一批国家级非物质文化遗产名录。

　　点评：中华文化多元开放，文化上的融汇互通早已成为中国与邻国友好交往的桥梁。

从《赵氏孤儿》到《中国孤儿》

（法国）

　　《赵氏孤儿》是中国元代戏剧，讲述了春秋时期(约公元前600年)贵族赵氏被奸臣陷害惨遭灭门，唯一幸存下来的孤儿长大后为家族复仇的故事。为了赵氏孤儿的安全，一批壮士舍生取义，甚至不惜牺牲自己刚出生的婴儿冒名顶替。中国式的悲剧故事反映了中华民族前赴后继、不屈不挠同恶势力斗争到底的抗争精神。有人认为它足以同莎士比亚的《哈姆雷特》相媲美。

　　4个世纪之后，《赵氏孤儿》在1731年被翻译成法文。法国文豪伏尔泰被剧中表现的道德力量所感染，用了两年时间对故事进行重构，创作了悲剧《中国孤儿》。故事把时代挪到了中国宋元之际，人物角色全部更换，剧情也有所不同，还引入了爱情主题，但所宣扬的牺牲精神和不屈不挠的气节基本一致。1755年，戏剧在巴黎上演，轰动法国文化界和文学界。随后，英国作家默非又根据伏尔泰的剧作重新改编《中国孤儿》，并在伦敦演出，也引发极大反响。

　　点评：中国和欧洲远隔万里，从《赵氏孤儿》到《中国孤儿》，体现了中法文化的深度交流，以及东西方文明对正义、牺牲等道德力量的共同认同。

周达观著《真腊风土记》记载吴哥文明

（柬埔寨）

1295 年，元代人周达观随使团前往真腊（今柬埔寨），居住约一年后回国，以游记形式撰写了《真腊风土记》。

书中详细叙述了当地的生活、经济、文化风俗、山川、物产等，描绘了真腊首都吴哥的建筑和雕刻艺术，还记述了当时居住在真腊的海外华人的情况。

1431 年，暹罗（音 xiān luó，泰国古称）攻破吴哥，真腊迁都金边，吴哥城被遗弃，湮没在森林中，不为世人所知。

1819 年，法国人雷慕沙首先将《真腊风土记》译为法文。1861 年，法国生物学家亨利·穆奥无意中发现原始森林中的古庙遗迹并宣扬开来，吴哥窟重见天日。《真腊风土记》也成为由同时代人著述的关于吴哥文明极盛时期的唯一文字史料。书中关于吴哥城建筑的描述与考古发现高度一致，具有极高研究价值。

点评：周达观著书时绝对想不到会创作出吴哥文明之"绝唱"。中华文明源远流长，一向有与世界其他文明互相借鉴、互通有无的传统。

"东方的马可·波罗"汪大渊

（埃及、坦桑尼亚）

汪大渊（1311—1350），元朝商人、航海家。1330 年，年仅 20 岁的汪大渊从福建泉州港乘商船出海，沿海上丝绸之路远航。一路上他不畏狂风恶浪，游历亚非数十国，最后抵达非洲东海岸的埃及、坦桑尼亚等国。他用中国的丝绸、瓷器、钱币与非洲的象牙、香料等货物交换，同时认真观察和记载东非沿岸各国的风土人情。1339 年第二次远航回国后，汪大渊整理两次航海的所见所闻，写出了《岛夷志略》一书，因此被西方学者称为"东方的马可·波罗"。

汪大渊对非洲的民俗风情津津乐道。在书中，他提到特番里（今埃及）"民无水旱之忧，长有丰稔之庆，故号为乐土"；加将门里（今坦桑尼亚）"田肥美……通商贩于他国……有酋长……地产象牙、兜罗绵、花布"；层摇罗（今坦桑尼亚桑给巴尔岛）"俗古直……民事网罟，取禽兽为食。煮海为盐，酿蔗浆为酒"。汪大渊的《岛夷志略》对郑和下西洋具有重要的指导意义。

点评：汪大渊及其《岛夷志略》对中国人认识世界特别是非洲产生了重要影响，是中非友好交往的先驱。

肯尼亚的"中国人后裔"

（肯尼亚）

明永乐十三年（1415 年），郑和船队下西洋途经肯尼亚的拉穆群岛时，一艘船只不幸触礁沉没，船上数百人逃生到岛上。

据传，岛上的居民刚开始并不接纳他们，但当一名水手帮助他们杀死了一条为害多年的大蟒蛇后，他们才慢慢改变态度。当水手们确定无法回国后，就与当地人通婚，在此定居下来。为提醒自己来自中国，他们将村落改名为上加村（翻译成汉语拼音为 shanghai，上海）。

如今，这个岛上的一些人与中国人相貌非常相似，他们继承了养蚕织丝、玩麻将、中医按摩、拔罐、用扁担挑水、用擀面杖擀面等中国传统生活习俗。他们称，自己是中国人的后裔，这些习俗是郑和船队的水手祖先们流传下来的。

点评：郑和下西洋留下许多美好的故事，促进了中外文化交流。

肯尼亚"中国女孩"来华寻根、圆梦

（肯尼亚）

在肯尼亚拉穆群岛的帕泰小岛上，有一个名叫"上加村"的小村庄，他们说自己的祖先来自中国，是当年遇难幸存下来的郑和船队水手的后裔。

上加村有个名叫姆卡玛卡·沙里夫的女孩，人称"中国女孩"，她一直想回中国"认祖归宗"。2004 年，沙里夫给中国驻肯尼亚大使馆写信，表示希望到中国学医。2005 年 3 月，沙里夫的梦想终于成真了：使馆告诉她，中国教育部已专门为她特批了一个到中国留学的名额，并资助她到中国留学的全部费用。

沙里夫在中国找到了祖籍地江苏太仓，学会了使用筷子，还学会了汉语，并能把汉语翻译成英语和斯瓦希里语。后来，沙里夫在南京中医药大学攻读研究生，并希望完成学业后回家乡开办一个诊所，用中国医术为肯尼亚人民造福。为表达自己对中国的深情，她将名字改为"夏瑞馥"。夏，取义华夏；瑞，意为瑞兆丰年；馥，表示芬芳馥郁。

点评：肯尼亚"中国女孩"到中国寻根、圆梦的故事，为中非传统友谊续写了新的篇章。

王明宇不远万里传教弘义

（印度）

清代康熙年间，一位名叫王明宇的伊斯兰教徒，远赴麦加朝觐，途经馨都司托尼（今印度境内）。国王考察他的才学，王明宇用波斯语对答如流，切中主题。国王欣赏他的才华，想要留下他辅政。王明宇表达了朝觐的愿望，答应国王归来后辅政。

麦加朝觐后，王明宇回到馨都司托尼，国王十分欢喜，让其帮助处理国政。王明宇在辅政同时不忘传播伊斯兰文化，想将其发扬光大。国王感受到他的诚心，支持他开设伊斯兰学堂，培育学生。王明宇虽思念祖国，但因感国王知遇之恩，又想继续弘扬伊斯兰教义，终生未返中国，死后葬在馨都司托尼。

点评：中国穆斯林在异国他乡传教辅政，既促进了中国和阿拉伯的文化交流，也为所在国的发展作出了贡献。

法国传教士为康熙治愈疟疾

（法国）

　　法国人白晋，是清朝康熙年间来华的传教士，曾被授予法国科学院院士。他得到清朝政府重用，教授康熙皇帝几何学，还被任命为皇太子的辅导老师。

　　1692年，40岁的康熙突然得了疟疾，当时中医没有有效的治疗办法，御医们束手无策。白晋拿出了随身带着的奎宁（俗称金鸡纳霜，抗疟疾药），告诉康熙，这种病没什么了不起，只要服用这种西药就可以了。但御医们认为西药不可靠，坚决反对。他们鼓动皇帝张贴榜文，有能治好疟疾者，给予重赏。来应征的人不少，但都不见成效。没有办法，康熙只能试用西药。四位大臣自告奋勇，为皇帝试药。服药后，大臣们安然无恙，而且睡得很香甜。康熙当即将西药一饮而下，高烧很快就退了。打那以后，治疗疟疾的西药被成功引进了中国，挽救了许多民众的生命。

　　点评：中法文化交流史上的一件"小事"，实则是造福万世、泽被苍生的大事。

意大利知华教士范礼安

（意大利）

1578 年，意大利人范礼安作为耶稣会日本传教区视察员来到澳门。他很快发现，在华的西方传教士深受各自国家利益、种族偏见的影响，对研究中国人的语言和文化不感兴趣，更不愿对中国人采取妥协的态度，种种传教努力都未能成功，在他们眼里，诉诸武力、用枪炮征服似乎成为进入中国唯一可行的选择。

范礼安则非常欣赏中国文化。他认为，只有传教士们学会中国语言、了解中国文化，并以更加开放、包容的方式对待中国人，传教工作才可能展开。但他竟然找不到能够说流利中国话的传教士，于是立即建议调派年轻传教士来华学习语言，并坚持要求必须是意大利人，因为他认为意大利人的性情、文化背景比较合适，没有种族偏见。

就这样，1583 年，利玛窦被调来华，在澳门与中国文化结缘，逐渐成长为一名成功的传教士、学者直至外交家，得到许多中国官员、文人和百姓的赞誉。知华友华的范礼安，堪称西方在中国成功传教的开创者。

点评：在文化交往过程中，入乡随俗是赢得主人敬重和信任的重要"法宝"。

西方第一篇以中国为题材的小说

（意大利）

16 世纪末，意大利人阿里瓦贝内写了一本以中国为背景的长篇小说《黄帝》，小说于 1597 年出版，虽然受欧洲"中国热"的影响，作者在写作中使用了夸张的手法，但其中主要角色的名字和他们的传奇故事并不是凭空捏造，而是取自中国古老的历史史实。

小说叙述了中国第一位帝王黄帝可歌可泣的英雄事迹，也刻画了神农氏的高大形象。小说中还写到，"世界上没有一个国家（像中国）那样推行道德"，欧洲的君主都应该从中得到启发。这篇小说可以说是西方文学中的中国题材小说的鼻祖。

点评：《黄帝》这篇小说也许名不见经传，但不失为中意文化交流史上的一个里程碑。

"西域探险之父"斯文·赫定

（瑞典）

1890 年 12 月，瑞典探险家斯文·赫定来到新疆喀什，开始了对中国的首次探险之旅。自此，这个少年时代即立志成为探险家的瑞典人，与中国西部结下了不解的缘分。他不顾各种危险和困难，多次深入中国西部探险与考察，长达 40 余年时间。由于他的探险生涯与中国西部紧密相关，因为人们称他为"西域探险之父"。

斯文·赫定有许多重要发现与创见。1900 年 3 月，他发现了楼兰古城——两千年前古代丝绸之路上一个重要贸易枢纽，后来消失在茫茫沙漠中。1907 年，他绘制了西藏部分山川地形地图。1927 年，他与中国学者联合组成中国西北科学考察团，帮中方采集和挖掘动植物标本、文物和矿物质样品。1933 年，他建议中国政府修筑连接内地与新疆的公路与铁路，并受中国政府铁道部门委托赴西北勘测修建一条横贯中国大陆的交通动脉的可行性（即后来的兰新铁路）。

他还撰写了多本颇有价值的作品。其中，以《亚洲腹地探险八年》《穿越亚洲》《丝绸之路》《西藏南方》《长征记》，以及厚达八卷的《1899—1902 年中亚科学考察报告》等较为著名。

　　点评：中国西部成就了斯文·赫定"西域探险之父"的美名，书写了中瑞交往的佳话。

友好交流篇

玄奘与印度学者书信见真情

（印度）

玄奘在印期间与印度学者结下了深厚友谊。他回国后，许多印度友人给他送来书信和礼物。

公元 652 年，印度一所寺庙派人到中国给玄奘送去信件和礼物。其中一封信说道：送去两匹白布，表示我们没有忘记你。希望你不要怪带去的东西太少。如果你需要什么书，请开一个单子，我们会抄出来送去的。玄奘托其带回一些礼物和回信，并附了在回来路上遗失的书籍名字清单。

还有一位印度的慧天法师，是与玄奘不同派别的学者，曾与玄奘发生过激烈的辩论。他在来信中向玄奘表示了惭愧和谢意。玄奘在回信中说："当年在大会上辩论，为了维护真理，就不能顾及情面，因此言语上有些冒犯的地方，但辩论过后也就不再记在心上了。现在来信何必还要重提过去的事呢？"最后，玄奘在信中还劝他放弃错误的见解，免得将来懊悔。

　　点评：从书信内容可以看出，古代中印两国学者的交情十分深厚，追求真理的学术研究非常认真。

唐朝与印度的"乐曲外交"

（印度）

公元 7 世纪，印度出现了一位著名的君王——戒日王，他建立了庞大的戒日帝国。

公元 633 年，玄奘在西行途中，拜见戒日王。戒日王盛情款待了这位来自中国的学者，并与之建立了深厚的友谊。当时，中印民间交往十分频繁。玄奘访印之时，描述唐太宗李世民英勇善战的军歌——《秦王破阵乐》已在印度广为流传。戒日王向玄奘询问了许多有关中国的问题，并与之谈起了《秦王破阵乐》的由来。玄奘向戒日王讲述了大唐帝国的建立和唐太宗的神威，引发了戒日王对中国的思慕。

于是，他派遣使者来唐，与唐王朝进行了两国政府间第一次正式的外交接触。此后 8 年间，戒日王与唐太宗互派使者往来 6 次，开启了中印官方交往的辉煌时代。

点评：唐代乐曲流传印度，反映了当时密切的民间交往，也促进了两国的官方交往。

刘禹锡写诗赠印度僧医

（印度）

在唐代，佛教在中国盛行，不少印度僧人来华。他们一般都懂得医学知识，间接促进了中印之间的医药交流。唐代著名诗人刘禹锡有一首诗名为《赠眼医婆罗门僧》：三秋伤望眼，终日哭途穷。两目今先暗，中年似老翁。看朱渐成碧，羞日不禁风。师有金篦（bì）术，如何为发蒙。

诗中，刘禹锡向婆罗门（印度）僧医介绍他眼病的成因及症状，祈求僧医施行金针拨翳（yì）术，早日解除他眼疾的痛苦。"金篦术"即当时印度眼医以金针治疗白内障的技术。

点评：诗人求医自有诗人的特色，既讲清了病症，又充满诗情诗韵。

辛巴达历险记原型

（阿曼）

公元 8 世纪中叶，阿曼国著名航海家阿布·奥贝德·阿卜杜拉·卡塞姆驾驶木帆船从苏哈尔（阿曼北部沿海城市）出发，沿香料之道远航印度洋，用了整整两年时间，抵达中国广州访问，然后买了沉香回国。阿曼人认为，《一千零一夜》中的航海家辛巴达的原型就是他。

1980 年，为庆祝阿曼国庆 10 周年，并纪念这位远航中国的友好使者，在阿曼政府的资助下，船长蒂姆·塞费林驾驶"苏哈尔"号仿古双桅三帆船，从马斯喀特启航，沿古代航线，历时 216 天，行程5000 多海里，于 1981 年 6 月抵达广州。塞费林船长说："这次航行是我们两国间悠久联系和新的交往的象征。驾驶同过去阿拉伯世界开往中国的航船一样的船只进行航行，这是具有历史意义的。我们的目的也是为了通过古航道再次把中国和阿曼连接起来。"

点评：一古一今，两次航行，时代不同，目的一致，增进了中国人民同阿曼人民的友好交流。

宋朝知州送真里富商人遗产归国

（泰国）

　　1165年，明州（今浙江宁波）一带收成不佳，大批灾民亟需救助。当时，明州城里有一位来自真里富（中南半岛古国，在今泰国境内）的商人年老故去，留下大笔家产，身边却没有子嗣继承。有人建议将这批财产充公用于救灾，明州知州（相当于今市长一职）赵伯圭没有同意，认为外国商人已经遭遇不幸，不能再没收他的财产。赵伯圭派人将这位商人装殓，与其遗产一起送归故里。

　　次年，真里富国派使者专程来明州道谢，说该国上下听到此事都很感动，已经仿效中国仁政，取消没收亡故商户财产的规定。那位已故商人的亲属将送回的财产全部捐出，在当地建造了三座佛塔为赵伯圭祈福。

　　点评：赵伯圭对外国客商一视同仁，体现了中华民族的友善仁德、重义轻利。

东南亚最早的中文碑刻

（文莱）

1972 年，德国教授傅吾康在文莱旅游，寻觅古迹，发现了一个 700 年前中国宋代外交家的墓碑。

碑上刻着："有宋泉州判院蒲公之墓，景定甲子男应甲立。"从碑文可知，南宋景定甲子年（1264 年），泉州官吏蒲公在文莱殉职后，他的儿子应甲为他立下此碑。

蒲公即蒲宗阁，是宋代一位杰出的外交家。从 1236 年到 1264 年，他先后三次出使东南亚，分别是安南（今越南）、占城（今属越南）和渤（音 bó）泥（今文莱）。

渤泥虽然是东南亚一个偏远的小国，但它和中国友好交往的历史却很早。远在 1000 多年前，渤泥和唐朝的关系就非常密切。蒲宗阁作为宋朝的使者，就死在渤泥任上。

这块墓碑是迄今发现的遗存在东南亚最早的中文碑刻。

点评：在文莱发现的中文碑刻，是中国与文莱关系史上的一个重要实物史迹，也是中国同东南亚各国友好往来的历史见证。

中国首位访问欧洲的使者列班·扫马

（欧洲）

列班·扫马，中国元朝人，景教徒（景教：基督教的一支，唐朝传入中国时译作景教）。1275 年，他从今天的北京出发，历时 5 年，抵达西亚朝圣。在那里，他得到了伊儿汗国（元朝在西亚的藩国）的重用，被任命为景教中国教区的巡视总监。

1287 年，列班·扫马出访欧洲，先在君士坦丁堡（今伊斯坦布尔）谒见了拜占庭帝国皇帝安德罗尼库斯二世。接着，经过地中海上暴风雨、沉船的磨难，来到了意大利罗马，时任教皇刚刚去世，红衣大主教哲罗姆接见了他。然后越过阿尔卑斯山，于当年 9 月抵达巴黎，受到法国国王腓力四世的隆重接待。在法国逗留期间，英国国王爱德华一世还在波尔多会见了他，据说欢迎宴会上了 10 头牛、59 只羊、1742 只鸡以及各种野味、海鲜。次年，列班·扫马再次来到罗马。上次接见他的那位红衣大主教已经当选为新教皇，即尼古拉四世，再次接见了他并赠送了丰厚的礼品。随后，列班·扫马带着法国国王、教皇等人的信札和礼品，回国复命。

点评：列班·扫马是沿古丝绸之路走得最远的中国人，也是历史上第一位访问欧洲的中国使者，他谒见了当时西方世界教俗两界的最高领导人，促进了东西方文化交流。

为统一中国作出贡献的伊斯兰谢赫伯哈智

（沙特阿拉伯）

在北京昌平区东何家营村北，有一座著名的伊斯兰谢赫（阿拉伯语音译，学识渊博的人）墓地，他就是明洪武初年来到中国的麦地那伊斯兰谢赫伯哈智。伯哈智曾向明太祖朱元璋进献治国安邦之策，为统一中国立了功，受到朱元璋的敬重、信任和封官。但伯哈智拒绝在朝廷任职，而是来到昌平地区宣讲教义。

据记载，当时昌平蟒山一带还是一片茂密森林，里面藏着一条巨蟒，经常出没伤害百姓，前去扑杀勇士大多死伤而归，人们对他毫无办法，官方贴出皇榜也无人敢应。伯哈智得知后就去斩杀巨蟒，被咬伤后中毒而死。坐骑白驼也因思念主人，不吃不喝而随后死去。

相传，伯哈智乘白驼宣传教义，以身作则，引领民风民俗。回族穆斯林非常敬仰伯哈智，尊他为乡贤、祖师。现在，每逢 3 月 24 日伯哈智忌辰，远近回民都来墓地悼念。

点评： 阿拉伯伊斯兰谢赫既为统一中国出力，为民众服务，也为伊斯兰教在中国的传播作出了贡献。

明成祖朱棣助暹罗琉球通好

（泰国）

明朝时，暹（音 xiān）罗（泰国古称）作为中南半岛上重要的货物集散地，常有船舶前往琉球进行贸易。

1404 年，暹罗派人出使琉球，进行贸易通商，船遇台风漂到福建海岸，福建布政司（明代主管民政的省级机构）没收船上货物后上奏朝廷。

明成祖朱棣说："他们遭遇台风已然不幸，我们正应该体恤嘉勉，岂能为了获利而没收货物？……布政司要帮他们修船，给他们食物，等到风适合出航，无论他们要回国还是去往琉球，都派人引导他们前去。"于是，船只修好后，在中国引航员的帮助下，暹罗货船成功抵达琉球。

点评：助人为乐，友善包容。中国乐见各方交好，从未因小利而负大义。

浡泥国王"体魄托葬中华"

（文莱）

1408 年 2 月，浡（音 bó）泥（今文莱）国王麻那惹加那乃远涉重洋，对华进行友好访问，随从有王后和国王的弟妹、儿子、女儿以及陪臣 150 余人。明成祖朱棣亲自接见浡泥国王，并在皇城奉天门设宴，行迎宾礼，还赠送许多珍贵的礼物。

当年 9 月，浡泥国王突然生了重病。明成祖命御医用最好的药品救治，但浡泥国王仍于 10 月病故。临终前，他转告明成祖，愿将"体魄托葬中华"。明成祖听后，非常悲痛，辍朝三日，遣官致祭，并以王侯规格将其埋葬在南京城南石子岗。明成祖还命人选石建碑，撰写碑文，立于后山之上。

浡泥国王墓坐北朝南，东、西、北三面环山，前临池塘，为"风水宝地"。2001 年，此墓被列为中国国家重点文物保护单位。

点评： 泥国王愿将"体魄托葬中华"，明成祖以王礼厚葬之于南京，两国间的真诚友谊可见一斑！

满剌加几代国王六访中国

（马来西亚）

1406 年，满剌（音 lá）加国（今属马来西亚）国王拜里迷苏剌随中国使者第一次访华，受到明成祖朱棣热情接待。1411 年，拜率领其妃、子、陪臣一行 540 余人第二次访华。这是明朝到访中国规模最大的外国使团。明成祖以高于其他国家来访国王的规格隆重接待了拜。1414 年，即郑和第四次下西洋返航的时候，拜搭船第三次访问中国。

1419 年，拜的儿子亦思罕答儿沙嗣立当上满剌加国王后，沿着父亲的足迹，率领王妃、王子访华。

1424 年，亦的儿子西里麻哈剌者继位后，也率领其王妃及陪臣来华访问。1433 年 9 月，西一行 228 人再度来华访问。明宣宗朱瞻基获悉后，认为当时北京天气逐渐转寒，怕他们不适应，让他们暂时在南京休息，并热情招待。翌年 4 月，访华团到达北京，明宣宗赠给他们许多礼物。1435 年 4 月，明宣宗还派船送他们回国。

通过访问，满剌加国王及其属下亲身体会到明朝热情友好的对外政策。

点评：满剌加几代国王六访中国，在中国与马来西亚关系史上写下了浓墨重彩的一页。

明成祖减免爪哇赔偿金

（印度尼西亚）

1405 年，郑和第一次下西洋时，爪哇（今属印度尼西亚）的东王和西王在打仗，东王战败，国家被灭。郑和船队进入东王属地后，西王的士兵误杀了 170 多个中国船员。

当时，郑和的船队有 200 多艘大船，载有两三万士兵，战斗力非常强大。但郑和知道这是一场误会后，并没有进行报复，只是回国后禀报了明成祖朱棣。西王听说后非常害怕，就派使节专程到中国谢罪，表示愿意赔偿 6 万两黄金。明成祖没有更多追究。

1408 年，西王使臣送来 1 万两赔偿金，明朝礼部官员认为违约，建议将使臣治罪。但明成祖说，既然人家已知错认错，就别让他们再赔偿了。

西王得知明成祖的态度后，十分感动，于是年年都派人到中国来访问。

点评：虽然爪哇西王误杀了中国船员，但郑和没有依恃武力进行报复，明成祖也对西王违约给予宽容，彰显了明朝与邻为善、仁慈宽容的对外政策。

"麒麟送瑞" 的故事

（孟加拉国、肯尼亚）

明永乐十二年（1414年），榜葛剌（今孟加拉国一带）国王霭牙思派使臣访问明王朝，并赠送了一头长颈鹿。

中国人向来相信世有麒麟出，是国泰民安、天下太平的吉兆，但从未见过这种鹿身、牛尾、独角神兽的模样。因此他们以为，这头罕见动物就是传说中的麒麟。"麒麟"的出现轰动了朝野上下。明成祖朱棣命令翰林学士沈度作序，宫廷画师画麒麟像以作纪念。如今，《〈明人画麒麟沈度颂〉轴》藏于台北"故宫博物院"，成为中孟两国友好往来的历史见证。

永乐十三年（1415年），麻林国（现肯尼亚境内）使者来华，向明王朝再送"麒麟"，明成祖亲往奉天门主持欢迎仪式，满朝文武百官也纷纷上文表示祝贺。永乐十五年（1417年），郑和船队护送麻林使者回国，并赠送了大量中国瓷器、绸缎、茶叶等特产。为表感谢，永乐十八年（1420年），麻林国国王亲自率妻子和使臣对明朝进行友好访问，但到达福州时不幸去世，明成祖将他葬于福建闽侯县，并命令地方官每年祭祀。

　　点评：中孟、中肯之间互通有无，礼尚往来，促成了两国长期的和平友好交往。

利玛窦与徐光启合译《几何原本》

（意大利）

意大利人利玛窦是明朝末年在中国传播西方文化的著名学者，得到了当时许多官员和文人的赞誉。时任内阁次辅（相当于第一副首相）的徐光启就曾跟利玛窦学习几何、水利、历法等自然科学，两人建立了亦师亦友的深厚情谊。

利玛窦教授数学所使用的教材是《几何原本》（古希腊数学家欧几里得的数学巨著），徐光启深深地被书中缜密的逻辑推理和科学思维所折服，认为这正是中国古代数学的短处，于是建议利玛窦与他一起将其译成中文。尽管利玛窦知道难度很大，而且他曾有过失败的经历，但还是答应了。利玛窦先将拉丁文口头翻译成中文，徐光启记录下来并逐字逐句地推敲修改，最后再由利玛窦对照原著进行核对。经过一年多的不懈努力，两人译出了《几何原本》的前六卷，引起巨大反响，那个时期的数学工作者人手一册。其中创造的中文术语和词汇，如平行线、三角形、多边形等，一直沿用至今。

点评： 两人翻译的《几何原本》推动了中国科学技术的发展，两人的友谊也成为近代中西文化交流的一段佳话。

未曾谋面却惺惺相惜的
康熙皇帝与路易十四国王

（法国）

清朝的康熙皇帝和法国的路易十四国王是同一历史时期（17世纪）的两位帝王。

康熙喜爱科学，跟传教士学习数学和物理，极为刻苦，以至于御医劝诫其不能因此影响健康。法国传教士记述道："（他）每天都要花几个小时同我们在一起，还要用更多的时间自学。"

路易十四则对舞蹈情有独钟，从小就接受舞蹈训练，先后出演了20多部芭蕾舞剧，有大臣甚至担心他因为过度练舞而病倒。

康熙和路易十四从未谋面，但惺惺相惜，曾通过传教士互换礼物，赞赏对方画像所展现出的帝王仪态。路易十四曾给康熙写过一封私信，而关于他的事迹也是康熙最爱听的话题之一。1688年，路易十四派出的首批传教士兼科学家抵达中国，带来了浑天器、气压计、自动机等科学仪器，得到康熙的重视，在绘制清王朝地图等科学工作中发挥了重要作用。康熙赠送的大量珍贵书籍，让路易十四惊喜不已，也为法国的汉学研究奠定了基础。

点评：两位帝王远隔万里惺惺相惜，乃中法文化交流史上的一段佳话。

香蕉代表中国

（斐济）

斐济盛产香蕉，有"香蕉岛"的美称。在斐济英语当中，香蕉不叫 banana，而叫 China，和中国的英语发音 China 是同音同字。因此，在斐济人的概念当中香蕉就是中国，中国就是香蕉。

当地原住民之所以至今仍称香蕉为"China"，是因为香蕉是由华人最早从夏威夷引进到斐济，20 世纪初当地华人主要以种植香蕉为生。斐济的国徽（设计于 20 世纪初）绘有一串香蕉，可见香蕉在斐济的重要地位。

点评：华人通过自己的辛勤劳动，为斐济当地作出了贡献，并推动了友好合作、互利共赢，体现了丝绸之路精神。

菲律宾革命军中的华人将军

（菲律宾）

1890 年，福建南安人刘亨赙（音 fù）从家乡到菲律宾谋生，在一家铸造厂学习制造、修理枪炮的技术。

当时，菲律宾人民不甘受西班牙的殖民统治，进行了不屈不挠的反抗。由于同情菲律宾人民的革命事业，1896 年菲律宾革命战争爆发时，刘亨赙在卡维特省参加了革命军队，不久升为步兵中尉，领兵作战。当年 11 月 9 日，殖民军大举进攻卡维特省起义军营垒，而起义军主力都在前线。危急时刻，刘亨赙率领一支由当地人组成的大刀队上前线，以简陋的武器几次打退了敌人的进攻，挽救了危局。

1897 年 2 月，西班牙派往菲律宾的新总督指挥大军向卡维特省发动全面进攻，前线一再吃紧。刘亨赙来到前线，指挥部队作战，还击毙一名殖民军的将军。由于屡立战功，刘亨赙最后官至陆军准将，成为菲律宾革命中有名的华人将军。

刘亨赙先后参加了菲律宾反抗西班牙、美国的民族独立战争，为菲律宾独立运动作出积极贡献。菲律宾第一任共和国总统阿吉纳多评价说："宝阿将军（刘亨赙）的公正无私和英雄风度，已获得全体菲律宾人民的感佩。"

点评：刘亨赙在菲律宾人民反抗殖民统治的斗争中，立下了战功，成为中菲人民团结战斗的象征。

菲律宾首都的"中菲友谊门"

（菲律宾）

19世纪末，一位名叫王彬的华侨，在菲律宾首都马尼拉开了一家日杂百货商店。由于经营有方，王彬成为马尼拉的富商。

在菲律宾革命的酝酿时期，王彬资助了革命宣传运动，他的店铺也成为革命知识分子的集会场所。1896年革命起义爆发后，他以大量钱财、物资支持菲律宾革命武装，并因此被捕入狱。出狱后，他一如既往地热情支持菲律宾革命。

王彬的举动受到菲律宾人民的敬重。为了表彰他对菲律宾革命的贡献，马尼拉市议会于1915年通过决议，将华侨聚居的沙克里斯蒂亚街改名为"王彬街"，并在街口建立纪念牌坊，名为"中菲友谊门"。1973年，在友谊门附近又立了王彬的铜像和纪念碑，供后人瞻仰。

点评： 王彬热情支持菲律宾革命，与菲律宾人民患难与共，书写了中菲友谊的不朽篇章。

经贸合作篇

汉朝再次贯通国际大通道"蜀身毒道"

（缅甸、印度）

公元前 122 年，张骞出使西域归来向汉武帝禀报，在大夏（西域古国，在今阿富汗一带）发现了大量只有中国四川才出产的蜀布和邛竹杖，都是从身毒（音 yuān dǔ，印度古称）贩卖过去的，而此前官方从未有与西域通商的记录，因此推测在蜀地与身毒之间可能有一条民间通道。

其实，早在战国时期（前 475—前 221），这条由四川经云南到达缅甸，进而延伸至印度与中亚的"蜀身毒道"就已出现，后因年久失修渐渐荒废。

汉武帝多次派人寻找古道遗迹，并于公元前 109 年以数万人重新开辟通道，凿山千余里，连通了四川和云南，但被云南部落所阻，未能继续推进。直至公元 69 年，西南部落归附，汉王朝设郡管辖。历经近 200 年的不懈努力，这条世界最早的国际大通道终于再次全线贯通。

　　尽管行道艰难，但丝绸、珠宝、食盐、棉花、药材等种类繁多的货物通过古道流通，佛教与中原文化亦经古道交汇融合。今天驿路上仍留有的深深马蹄印迹，见证了两千年来商旅僧俗络绎不绝的盛况。

　　点评：历尽千难万险而矢志不渝。中国自古寻求以和平方式对外交流，增进与地区友邻的互联互通。

丝绸之路助罗马商团首抵东方

（意大利）

公元 1 世纪前，处于欧亚大陆两端的中国汉朝和罗马帝国并无直接往来，但对彼此充满好奇。公元 97 年，汉朝派遣甘英出访欧洲，走到了波斯湾，据说，当地商人因为害怕失去作为中间商的利益，哄骗他说波斯湾海况恶劣，无法渡过，甘英只得掉头返回。

公元 100 年冬，也就是在甘英回到国内的同一年，一支罗马商团却沿着丝绸之路，抵达东汉首都洛阳（今河南洛阳）。这是第一批由陆路到达中国的西方人，受到了热情款待。汉和帝在宫廷接见了他们，并赐予寓意高官显爵的"金章紫绶"（即黄金印章和系印的紫色绶带）。公元 166 年，又一批罗马人由海路来到中国，并带来了象牙、犀牛角等礼物。从此，中西方的直接往来络绎不绝。

点评：东西方交流并非一帆风顺，但丝绸之路作为世界上最古老的交通要道之一，推动着东西方文化的交流和融合不断走向深入。

隋炀帝举办"万国博览会"

（中亚）

公元 609 年，为了进一步拓展丝绸之路，打破与西域的贸易壁垒，隋炀帝西巡至张掖（位于今甘肃省境内），召开了"万国博览会"。西域 27 国君主、使臣受邀前来，当地十几万民众身着盛装，夹道欢迎，绵延数十里。为款待宾客，隋炀帝令人组织文物展，并举办宴会，演出来自印度、新疆、朝鲜等地的音乐和舞蹈。各国商人也闻风而动，赶来开展大规模的贸易活动，来往道路上可谓车水马龙。这次经济文化交流活动历时 6 天，形式之新、规模之大、规格之高、人数之多，堪称史无前例。

展览会过后，许多西域宾客、使节和商人还跟着隋炀帝返回洛阳。隋炀帝在洛阳端门外辟出一块场地，演出来自全国各地的杂技和舞蹈，声扬数十里，彻夜不休。他还让洛阳商人装点市容，沿街设帐，摆放酒食，邀请西域商人入座，醉饱出门，不收分文。

点评：公元 7 世纪的"博览会"促进了中国和中亚各国的经济文化交流，也体现出中国古代王朝对发展对外贸易的重视。

唐文宗保护阿拉伯商人利益

（中亚）

唐文宗时，有个原籍呼罗珊（中亚历史上的一个地区，大致包括今伊朗东北部、阿富汗和土库曼斯坦大部、塔吉克斯坦全部、乌兹别克斯坦东半部和吉尔吉斯斯坦小部分地区）的商人，从伊拉克买了大批货物到中国来卖。一次，唐文宗派出选购蕃货的宦官与这位商人在货物交易时发生争执，宦官把好的货物强行拿走。

这位商人赶到长安告御状，唐文宗接见了他，听取了他的申诉，并下令彻查此事。得知商人上告有理，唐文宗没收了宦官的财产并对他说："不可欺侮外商。"唐文宗还革去了宦官管理宝物的职务，命他去看守皇陵。商人胜诉的消息很快传遍各大城市，对招揽外商产生了积极影响。

点评：唐文宗亲自过问外商的贸易纠纷问题，并秉公处理，反映出中国自古以来就坚持法律面前人人平等，保障外商合法权益。

两本丝路通商的"指南书"

（意大利）

　　赵汝适，是中国宋朝的一名海关小吏，在外国商人络绎不绝的福建泉州任职。他平时勤快用心，非常注意收集国际贸易的相关资料，并于1255年汇集出版了《诸藩志》。

　　这本手册性质的书，记载了东自日本，西至东非索马里、北非摩洛哥及地中海东岸国家的风土物产，以及中国沿海到这些国家的里程、所需时日等，内容丰富而具体。书中还首次提到了意大利的西西里岛，以及遇到火山岩浆不会燃烧的"林木"石棉。

　　巴尔杜奇·佩戈洛蒂，是14世纪生活在意大利佛罗伦萨的一名银行职员。他于1340年撰写了《通商指南》，大部分资料都来自在意大利做生意的中国商人。这本指南包含了大量的实用知识，比如商路的具体走向、所经地区、所需时日，货物的最佳运输方式及运费，中国及各地市场上丝织品和黄金的大致价格，再比如需要带什么食物和装备，雇用什么样的翻译，甚至包括劝告旅行者"留长胡须"等生活琐事。

　　点评：这两本手册异曲同工，是丝绸之路及中欧贸易繁荣的见证。

暹罗商人为中国官员建造"却金亭"

（泰国）

　　1538 年，暹罗商人奈治鸦看带着国王的文书引信运货到广东东莞贸易。新上任的番禺县令李恺兼管东莞对外通商事务。

　　为了杜绝有人利用封舱清盘货物向外商敲诈勒索，也避免手续烦冗、耗时耗力，李恺决定不再封船检查，改由外商自行上报货物数量，核准数量时既不得随意抽分也不收取任何费用，更不允许滋扰外商。同时声明，外商申报不实者将会受到惩罚。

　　此举大大方便了外国客商。暹罗商人自愿筹集白银 100 两为李恺祝寿以示感谢，再三请求都被李恺推辞，令他们十分感动。1541 年，在得到李恺上司批准后，奈治鸦看等人用这笔款项在东莞最热闹、人流最集中的演武场兴建"却金亭"，并立"却金亭碑"，以表达对李恺却金廉政的敬意。记载这段佳话的"却金亭碑"今天犹在。

　　点评：清正廉洁的好官自古有之。李恺对外商采取既合规范、又不刁难的做法，建制利民，惠及中外，与今日所倡"亲诚惠容"一脉相承。

热爱和平篇

郑和"化干戈为玉帛"

（索马里）

明永乐十三年（1415 年），郑和船队到达东非海岸后，木骨都束（今索马里摩加迪沙一带）对明朝使节并不友好。他们屡次挑起事端，该国国王更是以身体欠佳为借口拖延接见明使节。随行官员打算进行还击，但郑和认为这样并不妥当，会激化冲突，应耐心等待。

木骨都束派出一个弓箭手秘密监视船队的举动，郑和得知后，便让他看船队带来的一些武器装备及丝绸、瓷器、中药等物品，并告诉他这些将作为礼物送予他们。弓箭手随即回去禀报了国王。最终，木骨都束改变了对郑和船队的敌对情绪，对他们的到来表示热烈欢迎。

点评：郑和凭借耐心和智慧化解了与当地部落的矛盾冲突，从中可以看出，郑和船队是一支和平之师、友好使者，访非是为了与非洲人民的友好交往。

毛里求斯华人社区的保护者亚方·唐文

（毛里求斯）

亚方·唐文（1842—1900），祖籍广东，1861 年移民到毛里求斯。

唐文抵达毛里求斯后，先是受雇于首都路易港的一个富裕华商，后来与华商的女儿结婚，此后一直活跃在当地华人社区。1886 至 1890 年，唐文被英国殖民政府任命为代办，管理入境华人，负责立法和维持秩序。他积极发挥华人社团的互助作用，开展慈善活动，不仅修建了一座中国宝塔，还积极维护当地华人劳工的权益，被称为华人社区的"保护者"。其间，作为华人领袖之一，唐文赴英国向维多利亚女王送去良好的祝愿。后来，唐文牵头成立代表华人权益的"南顺会馆"，并担任首任会长。2000 年，毛里求斯政府发行《毛里求斯著名人物》纪念邮票，其中第一枚邮票上是唐文的肖像，以表彰他在维护劳工权益方面作出的突出贡献。

现在毛里求斯不仅是非洲华人最多的国家之一，还是非洲唯一把中国传统节日春节作为本国法定假期的国家。节日期间，首都路易港的唐人街张灯结彩，各族裔居民欢聚一堂，舞龙舞狮，热闹非凡。

　　点评：长期以来，华人秉持与人为善、和睦相处的精神，是和谐、发展与团结的积极因素，为各国经济发展、社会进步和文化多元化作出了重要贡献。

包容并举篇

在唐朝安居乐业的波斯人

（中东）

公元 6 世纪起，许多波斯人（今伊朗、伊拉克、叙利亚、阿富汗一带）由于战火侵扰迁入中国，得到了唐朝政府的善待。

苏谅是唐懿宗咸通年间定居首都长安（今陕西西安）的波斯人，和他的妻子都是祆教徒（祆教：古波斯国教）。他加入了中国军队，后来成为唐朝禁卫军的一名武官，担负保卫京师的重任。苏谅家族数代人都在军中任职。他们的墓志都是以汉文和古波斯文撰刻。

李素则是在唐朝做官的波斯人，景教徒（景教：基督教的一支，唐朝传入中国时译作景教），曾在司天台（天文机构）任职，主持翻译过很多天文学经典。他有六个儿子，都在长安工作，有的甚至成为负责祭祀、礼仪的官员。

在长安，居住着很多像苏谅和李素这样的外国人，比如也在军中任职的景教徒米继芬及其子孙等。他们不仅能够从事各种职业，建功立业，还可以继续使用本国文字、历法，信仰原有宗教并建立寺庙，因此唐朝长安地区设有祆教祠、景教寺庙与摩尼教寺庙（摩尼教：古波斯教派）。

点评：苏谅和李素是当时生活在唐朝的普通外国人的缩影，他们不仅成功融入了汉文化，而且原有宗教、习俗、语言终身受到尊重和保护，体现了中华文明的包容并举、兼收并蓄。

中国历史上第一位阿拉伯进士李彦升

（阿拉伯）

公元 847 年，有人向唐宣宗推荐了侨居中国的大食（食，音 yì。大食为唐宋时期对阿拉伯帝国的专称）人李彦升。

李彦升熟悉中国文化，学识很高。唐宣宗派人进行了考察，得知情况属实后，破格允许他参加科举考试。次年，李彦升果然考上了进士。当年，全国考上进士的仅有 22 人。

外国人考上进士引起不少议论。唐宣宗认为，李彦升虽为外国人，但热爱中国，学识很高，朝廷应该破格重用，同意录取他为进士，并钦点为翰林学士。李彦升便成为中国历史上第一位阿拉伯进士。

点评：虽然李彦升是"蕃客"，但唐宣宗对其一视同仁，足见中华文化的兼收并蓄、开放包容。

228

获宋太祖赏识的伊斯兰星历学家马依泽

（土耳其）

公元 961 年，有人向宋太祖赵匡胤举荐了精通天文历算的伊斯兰星历学家、数学家马依泽。尽管马依泽是鲁穆国（今属土耳其）人，但依然得到了宋太祖的重用。

马依泽在中国的主要贡献是修天文、治历法，协助编制《应天历》《后周广顺明元历》和《太一青虎甲寅经》，得到了宋太祖的赏识，被赐司天监官职且封号侯爵，其子孙先后承袭侯位兼官职。

后来，马依泽定居中国，成为回族马依泽氏在华始祖。据美国哥伦比亚大学东亚图书馆收藏的《怀宁马氏宗谱》，马依泽家族在中国已传 30 代，绵延至今已有一千多年历史。

点评： 中国自古以来就尊重知识、尊重人才，愿意学习借鉴世界上一切先进知识和文化。

尼泊尔人阿尼哥修建北京白塔寺

（尼泊尔）

北京的白塔寺是元代首都的标志性建筑，由尼波罗国（今尼泊尔王国）工匠阿尼哥主持建造。阿尼哥擅长绘画、塑像、铸造工艺及建筑。元世祖忽必烈的国师念其才收之为徒，并带其觐见忽必烈。这次见面，阿尼哥给忽必烈留下了深刻印象。

1271 年，忽必烈决定在元大都（今北京）兴建一座象征王者之都的大佛塔，他下令由阿尼哥负责设计和施工。阿尼哥用了近 9 年的时间建好了这座白塔。白塔落成之日，京师为之震动，这座塔融合了中尼佛塔建筑艺术，既符合宗教活动的要求，又达到"壮观王城"的作用，成为北京的地标性建筑。1273 年，元政府设立"诸色人匠总管府"，统一管理营造、雕塑、冶铸及工艺制作，阿尼哥被任命为总管府总管。5 年后，忽必烈授予他光禄寺大夫、大司徒，掌管金、玉、织造等手工艺品的制作。

阿尼哥在中国的 45 年中，不仅创作出题材广泛、艺术精湛、风格迥异的宗教作品，而且培养了大量杰出人才，对后世影响极大。

　　点评：忽必烈用尼泊尔人阿尼哥修建白塔寺并授予其官职，体现了中华文化的开放包容，也反映了当时中尼之间密切的文化交流。

万历皇帝破例安葬利玛窦

（意大利）

意大利人利玛窦 1583 年来华，是西方在华传教的先行者，开创了积极学习中国文化、"合儒超儒"的传教道路。他本人也是知识渊博的学者，其著述对东西方文化交流作出了重要贡献。他翻译的《几何原本》（古希腊数学家欧几里得的数学巨著），是中国最早翻译的一部自然科学著作。

1610 年，利玛窦在北京病逝。按照当时惯例，外国人死后都要移葬澳门，但是明朝万历皇帝破例，让其在北京下葬并给予安葬费。当时朝中也有不同意见，但时任首辅（相当于今首相一职）的叶向高说："自古以来，有哪一个外国人有利玛窦那样的道德和学问？单单翻译《几何原本》一件事，就足以为其破例。"后来，朝廷的文武百官都参加了利玛窦的葬礼。墓园在今北京市委党校内。

点评：在中国的文化传统里，道德高尚、知识渊博的人，无论是否是外国人，都应得到应有的敬意和礼遇。

康熙任用西方传教士参与《尼布楚条约》的谈判

（法国、葡萄牙）

法国人张诚、葡萄牙人徐日升，都是康熙年间在清廷任职的西方传教士，张诚为康熙皇帝教授数学，徐日升则兼任宫廷音乐教师。两人曾多次参与清朝政府的对外工作，其中最重要的就是《尼布楚条约》的谈判。

1689年，清朝政府与俄国在尼布楚进行边界谈判。张诚和徐日升两人同为中方拉丁文翻译，康熙授予他们象征皇家荣誉的服装和代表高级别官员的配饰，并嘱咐中方谈判大臣索额图说："两人忠诚可靠，你要与他们同桌吃饭，有事一起商量。"

在谈判过程中，张诚和徐日升承担了繁重的联络和翻译工作。尤其是在谈判多次陷入僵局甚至几度濒临破裂的时候，两人的直接参与起到了缓和气氛、促进和谈的作用。这是中国代表团首次参加国际条约的谈判，缺少经验，但在张诚和徐日升的协助下，最终捍卫了国家利益。中俄签订了历史上第一份也是双方平等协商达成的边界条约《尼布楚条约》。

点评：张诚、徐日升得到了清朝政府的尊重和信任，为中国当时的外交工作作出了贡献。

官居一品的汤若望

（德国）

在北京市委党校中央的墓园里，埋葬着一位名叫汤若望的德国传教士。汤若望 1619 年来华，历经明、清两朝，上通天文，下知地理，赢得了清朝顺治皇帝的敬重，是利玛窦之后最著名的西方传教士。

在明、清交替的动荡年代，汤若望不畏战乱，留守北京，保护天文仪器和历法资料。后来，他制订的新历法被清政府采用，并被任命为钦天监监正（相当于今天文局局长一职），成为中国历史上的第一个洋监正。他修编的《西洋新法历书》，直到今天还是中国编制农历的基础。他经常出入宫廷，向皇帝建言献策达 300 余项，且多被采纳。

汤若望还曾以西医治好了孝庄太后（顺治帝的母亲）侄女的病，孝庄将他认作"义父"。顺治则尊称汤若望为"玛法"，在满语中是"尊敬的老爷爷"的意思。

经过多次晋升，汤若望最终官居正一品，位列当时官员所能达到的最高级别。1666 年，汤若望病逝，康熙皇帝亲自撰写祭文予以悼念。

点评: 在中国,道德高尚、知识渊博的人,无论是哪个朝代、外国人与否,都会得到尊重和礼遇。

责任编辑：关　宏　李琳娜

封面设计：汪　莹

图书在版编目（CIP）数据

中国与若干"一带一路"合作伙伴国双向民意分析／郭业洲主编．—北京：
人民出版社，2018.12

ISBN 978 - 7 - 01 - 020016 - 3

Ⅰ.①中⋯　　Ⅱ.①郭⋯　　Ⅲ.①"一带一路" – 国际合作 – 研究 – 中国

Ⅳ.① F125

中国版本图书馆 CIP 数据核字（2018）第 249366 号

中国与若干"一带一路"合作伙伴国双向民意分析
ZHONGGUO YU RUOGAN YIDAIYILU HEZUO HUOBANGUO
SHUANGXIANG MINYI FENXI

郭业洲　主编

人 民 出 版 社 出版发行

（100706　北京市东城区隆福寺街 99 号）

北京盛通印刷股份有限公司印刷　新华书店经销

2018 年 12 月第 1 版　2018 年 12 月北京第 1 次印刷

开本：710 毫米 × 1000 毫米 1/16　印张：15.5

字数：179 千字

ISBN 978 - 7 - 01 - 020016 - 3　定价：66.00 元

邮购地址 100706　北京市东城区隆福寺街 99 号

人民东方图书销售中心　电话（010）65250042　65289539